青少年读本

虎门销烟与鸦片战争

鸦片战争博物馆 编写
张建雄 主编

中央文献出版社
江蘇鳳凰教育出版社
Phoenix Education Publishing, Ltd

图书在版编目（CIP）数据

虎门销烟与鸦片战争 / 鸦片战争博物馆编写. — 南京 ：江苏凤凰教育出版社，2017.6（2023.11重印）

ISBN 978-7-5499-6621-9

Ⅰ. ①虎… Ⅱ. ①鸦… Ⅲ. ①禁烟运动－青少年读物②鸦片战争(1840－1842)－青少年读物 Ⅳ. ①K253.09

中国版本图书馆CIP数据核字(2017)第164026号

书　　名 虎门销烟与鸦片战争
编　　写 鸦片战争博物馆
责任编辑 雷利军　万晓文
出版发行 中央文献出版社
江苏凤凰教育出版社（南京市湖南路1号A楼　邮编210009）
苏教网址 http://www.1088.com.cn
照　　排 红十月图文设计有限公司
印　　刷 唐山富达印务有限公司
厂　　址 唐山市芦台经济开发区农业总公司三社区
开　　本 787毫米×1092毫米　1/16
印　　张 9.5
字　　数 127.6千字
版　　次 2017年6月第1版　2023年11月第2次印刷
书　　号 ISBN 978-7-5499-6621-9
定　　价 48.00元
网店地址 http://jsfhjycbs.tmall.com
邮购电话 025-85406265，85400774　短信 02585420909
E－mail jsep@vip.163.com
盗版举报 025-83658579

目录

第一章　追溯先人足迹

循着先人的足迹，眺望历史长河，在他们的故事里，我们能聆听到一种声音，那是为理想赋予行动的脚步声，那是将信仰赋予行动的呐喊声。今天，我们再次追随先人的足迹，看到一个又一个激人奋进的画面，听到一首又一首让人无法忘怀的赞歌……

少年才俊
——林则徐初露锋芒

1785年8月30日夜，一个男婴降生在福建省福州市左营司巷的一所矮屋之中。37岁的男主人林宾日中年得子，欢天喜地，对男婴寄予显亲扬名的愿望，为其取名“林则徐”，希望他长大后既能像南朝才子徐陵一样有才华，又能与时任福建巡抚的徐嗣曾一样做高官。

林则徐出生地

林宾日是一位私塾先生，他常说：“九层之台，起于垒土；人品学问，需自幼奠基。”因此，林则徐4岁就被父亲领进了私塾“旁听”，到了7岁便能文，10岁就能诗。有一回，老师带学生游鼓山。爬上鼓山绝顶后，学生们看到海天一色的壮丽景色，兴奋不已。老师以

林则徐幼年读书地

“海”为题，出了一个上联：“海到无边天作岸。”寓意学海无边苦作舟，只有勤奋学习，才能到达成功的彼岸，让学生们对出下联。当其他学生还在冥思苦想时，有一位学生已经快速地对出：“山登绝顶我为峰。”他就是林则徐。这个下联的寓意是以脚踏绝顶，要做个堂堂正正、顶天立地、一览天下小的勇士，抒发了林则徐的凌云壮志。

父亲善于运用讲故事、打比方、举例子等方法教育小林则徐，引得小林则徐经常提出一些有趣的问题。对这些问题，父亲总是耐心地解答。比如，小林则徐问：“人为什么要念书呢？”父亲说：“只有念书，才能明理；只有明理，才能做好人。”“为什么要学《诗经》呢？”父亲说：“中国的大圣人孔子说过，不学诗，无以言。《诗经》是我国古代的一部诗歌总集，里面包含取之不尽、用之不竭的知识，是古人智慧的结晶。学诗可以增长知识，提高才能。”有一次，小林则徐给父亲背诵《诗经》中的《硕鼠》一诗，刚背完，就仰起脸严肃地向父亲发问：“爹，硕鼠是什么东西呢？”“硕鼠就是大老鼠。”“那写大老鼠干什么呀？”林宾日觉得这正是对儿子进行品德教育的好机会，便深入浅出地解答道：“这种大老鼠不劳而获。农民辛勤耕作，它却坐享其成，你说可恨不可恨？”“该除掉这些不劳而获的大老鼠！”父亲进一步教育儿子道：“一些贪官污吏巧取豪夺，鱼肉百姓，就像这些大老鼠。”“等我长大了，一定要治治这些大老鼠！”小林则徐大声说。

林则徐所作七言对联

1811年，26岁的林则徐终于如愿考中进士，开始了他的官场生涯。他历经嘉庆、道光、咸丰三朝，“筮仕四十年，历官十四省”，先后担任过翰林院编修、监察御史等京官职务以及各地的道员、按察使、布政使、巡抚、总督等高官。他为官所到之处，都以发展经济为首要任务，以救世为己任。他宽厚待民、清正廉洁、刚直不阿、勤俭朴实，是晚清时期不可多得的清官。

两袖清风
——林则徐廉政之道

林则徐

林则徐从小就在父亲“不妄与一事，不妄取一钱”的言传身教与母亲甘于清贫的生活态度的影响下成长，一生为官清廉，执法严明，且严于律己，被百姓誉为“林青天”，备受世人敬仰。

林则徐所处的时代，正值风雨飘摇的多事之秋，清政府开始走向衰落，官场风气腐败，“三年清知府，十万雪花银”是当时官场的真实写照。在官风不正的清政府，林则徐犹如出淤泥而不染的莲花，一身正气，两袖清风。

1830年7月，林则徐即将出任湖北布政司。为了做好工作，他从襄阳乘船赴武昌，没有到任就先发布了一封告示——《由襄阳赴省传牌》，宣布途中一切费用自理，当地官员不得用公款逢迎阿谀，不准迎来送往、劳民伤财，更不准借机从中得利，如若违犯，立即严办，不准徇私枉法。告示的发出不仅杜绝了当地官员从中牟利之心，也充分显示了林则徐成为廉吏的决心。

19世纪30年代，鸦片烟毒泛滥的关键时刻，林则徐毅然受命，前往广东查办、销毁鸦片。林则徐接到任命后，稍做准备便立即起程。他深知钦差大臣的重要性和工作的艰巨性，也深知此次任职实际上就是一次重要的防腐败之旅，更深知“不畏浮云遮望眼，只缘身在最高层”。为防止腐败现象的发生，他以实际行动抵御当时的恶风陋习。林则徐刚刚行至北京京郊良乡时，便发出《奉旨前往广东查办海口事件传牌稿》，表明自己深知地方官员对京官迎来送往的苦衷，提出自己沿途食宿一律从简，只用家常便饭，并严禁随行人员索礼受贿。这一传牌稿可以说是林则徐出巡伊始发表的一篇廉政之旅宣言。

然而，禁烟的过程并非一帆风顺。其间，除了外商们不肯缴烟就范，英国驻华商务监督义律也百般阻挠。更有甚者，想用巨款贿赂林则徐借以解脱。十三行商人伍绍荣用“愿以家资报效”求解脱，被林则徐厉声痛喝“本大臣不要钱，要你的脑袋”。林则徐的刚正廉洁，令英国人也很佩服：“林钦差的手没有被贿赂玷污过”“他以廉洁、睿智、行为正直和不敛财富著称”。

“海纳百川，有容乃大；壁立千仞，无欲则刚”，是林则徐在任两广总督期间写下的楹联。林则徐以其自勉：大海宽广可以容纳千百条河流，它这样广阔的胸怀是世间最珍贵的、最伟大的，他勉励自己为人要像大海一样胸怀豁达，教育后代要心胸宽广，所谓成大事者不拘小节，同时指出悬崖峭壁之所以能够直立千丈，是由于它没有过分的欲望，不做墙头草随风四处倒，高山峭壁有千仞之高，正是因为没有私欲才显得刚强。他借此警醒自己及家人，做人要有清静、平和的心态，杜绝私欲，做一个光明磊落、刚正不阿、一身正气的可用之才。

在30多年的从政生涯中，林则徐一直严于律己，始终奉行“宁可清贫自乐，不作浊富多忧”的作风，一身正气，两袖清风，不愧“廉吏”的称号。

苦寻良方
——林则徐研制戒鸦片烟药方

1832年，林则徐出任江苏巡抚，衙门设在姑苏城，也就是现在的苏州。作为一个对时事政治非常了解的政治家，他对鸦片深恶痛绝，深深了解它带来的危害。他认为，鸦片服食盛行，一来，使大量白银外流，导致国库空虚；二来，严重损害兵将身体，使日后无能打仗的士兵。对鸦片造成的积贫积弱的严峻情势，他忧心如焚，除了采取坚决措施禁烟之外，对吸食鸦片的烟民，主张用药物来帮助他们戒烟。

林则徐为了寻找最有效的戒烟药方，翻阅了大量的古典药书，但都没有找到相关的线索。这年12月，林夫人罹患肝病，林则徐紧张万分，听松江知府苏廷玉说，青浦（位于今上海市西部）有位名医何其伟，出身于一个有着800多年历史的悬壶济世之家。由于他精于切脉制方，医德为世人所称颂，求治者远达千里。林则徐立即差人拿着请柬，诚心邀其赴诊。

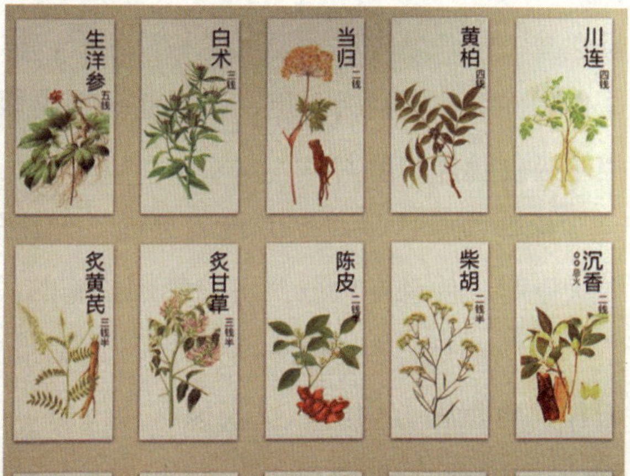

戒鸦片烟药方——“忌酸丸”方

当时正值风雪酷寒天气，何其伟已经年近花甲，本是不愿出诊的。但他看了林则徐亲手写的请柬，可谓“意甚真挚”，非常感动，竟连夜前往，从青浦经由水路赶赴姑苏。到了林家，何其伟也不耽搁，坐下就给林夫人把脉，随后审慎辨证，大胆开方，对症下药。名医一出手，药到病除。夫人的病好了，了却了林则徐一桩心事，也让他对何其伟大为赞赏。

一回生，二回熟。

过了半个月，林则徐又邀请何其伟为夫人复诊，还恳切地留他住了10余天。林则徐拿了上好的老酒招待他，两人把酒畅叙。轻松愉快的交谈气氛一下子触动了林则徐戒烟的心事，他恳请何其伟拟制戒烟药方救治烟民。何其伟深受感动，义不容辞地承担起医者之责，撰写了《救迷良方》。《救迷良方》中包含戒烟断瘾药方共10余种，而经过多次试验后，发现“忌酸丸”“补正丸”的戒烟效果最好，“四物饮”“瓜汁饮”的戒烟方法最为简易。

“忌酸丸”药方由于使用了鸦片烟灰做主药，故忌讳酸物，所以以此命名。此方由15味药组成，其中以鸦片烟灰为主药，搭配其他能行气、补中、理气、凉血、滋阴的药材。将这些药材磨成细末，加入面糊，做成药丸。药丸必须在烟瘾未来之前服下，服用三五日后，每日按量递减一粒，半月后烟瘾可尽除。此后，林则徐每次因公出门，沿途都会遇到许多妇女拦轿谢恩，感谢他研制戒烟药，使她们的丈夫、儿子戒掉了吸食鸦片的恶习。

林则徐对这张戒烟方极为重视，无论任湖广总督，还是赴粤做钦差大臣时，他都在采取严厉的禁烟措施的同时积极推行药物戒烟法。

药物戒烟已经成为林则徐推行禁烟措施的一个重要部分，这个药方作为后世官方用药的代表被广为传用，甚至被冠以林则徐之名，被称为“林则徐戒鸦片烟方”。

作为一名禁烟的先行者，林则徐在禁烟和戒烟两方面都为后人开辟了前进的道路，为中国禁毒史揭开了新的一页。

痛恨鸦片

——林则徐三劝同窗好友戒鸦片烟

林则徐在家乡福州念私塾时，有个要好的同学，名叫吴三泰。两人同吃、同坐、同行，像兄弟一样亲密无间。长大后，两人分开了。林则徐踏上仕途，四处奔波。吴三泰则跟随父亲前往广州开设洋行，当了木材老板。吴三泰在那个花花世界里，染上了抽鸦片的恶习。

1839年，林则徐以钦差大臣的身份到广州禁烟。他一到任就贴出禁烟布告：如再吸食鸦片，轻者罚款，重者坐牢或杀头。令出法随，整个广州城禁烟行动蔚然成风。吴三泰认为林则徐是他的同窗挚友，自己抽鸦片，就算被官府抓了，林则徐也不会对他怎么样。

果然，过了没几天，吴三泰被抓，被关进了牢房。吴三泰写了一封信给林则徐。第二天，林则徐到牢房看望他，晓以大义，向他说明了禁烟是关系国家民族生死存亡的大事情。吴三泰听了，觉得有道理，表示愿意把烟戒掉。罚款后，吴三泰具保释放。

回到洋行，吴三泰戒了三天烟。到了第四天，烟瘾上来了，他又偷偷地抽鸦片。没多久，他又被官府抓起来了。林则徐第二次来看他，并告诫他：如果再不戒烟，就有杀头的危险。这一次不能放他出去戒烟，要把他留在牢房里戒烟。

可是，吴三泰烟瘾难除，不久，他通过亲人探监的机会，让人把烟枪、烟灯偷偷带进监牢，又抽起鸦片来。

正当吴三泰抽得昏昏沉沉的时候，林则徐突然出现在他的面前。吴三泰一惊，睁开惺忪睡眼，摇摇晃晃地站了起来。这是林则徐第三次来看他。

这一次，林则徐的态度跟过去完全不一样，不再劝，也不再骂了，

通草水彩画：亲属怒砸烟具

通草水彩画：母亲怒鞭吸烟子

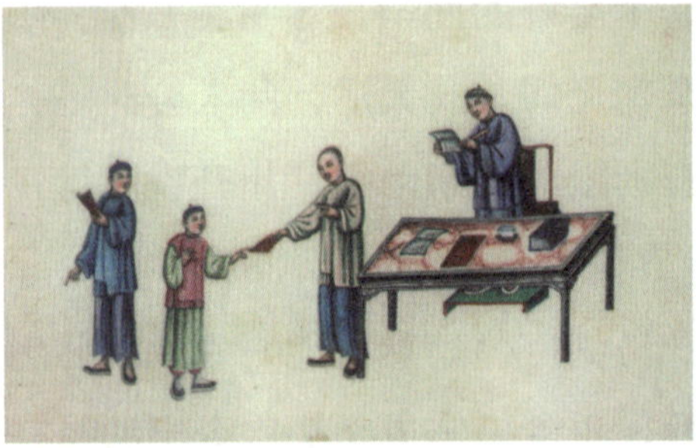

通草水彩画：散发《劝戒洋烟文》

通草水彩画：散发戒烟丸

只是脸色阴沉。林则徐进来时，后面跟着一个听差，捧着一盘酒菜。

吴三泰一看，“扑通”一声跪了下去。林则徐流着眼泪把他扶了起来，两人坐下。林则徐主动跟吴三泰攀谈起故乡的事，攀谈起儿时的友情。他们边喝酒边倾谈，滴滴眼泪杯杯酒，其中寄托着林则徐无尽的忧国忧民的情怀。到了深夜，林则徐才跟吴三泰挥泪告别。

翌日，金鸡报晓时分，吴三泰被绑赴法场正法。

【知识链接】

问：你知道鸦片对人体的影响吗？

答：鸦片的主要成分有吗啡、那可汀、可待因、蒂巴因等。其中，吗啡约占 10% ～ 15%，具有提神、止痛、止咳、镇静等作用，服用过量则会出现视觉障碍、呕吐、下痢、出汗不止、战栗、抽搐、神经痛等严重病态；那可汀约占 3%，具有消除疲劳、扩张血管、止咳等作用，服用过量则易成瘾癖；可待因约占1%，可用做减轻疼痛的麻醉剂，服用过量则会对中枢神经系统造成破坏；蒂巴因约占0.2%，有剧毒，对中枢神经系统有刺激作用，可导致严重痉挛。

开眼看世界
——林则徐翻译外文书报

1840年鸦片战争之前，清王朝仍以“天朝君临万国”的心态自居，无论官员还是百姓都对外部世界茫然无知，竟认为英国人吃的是牛羊肉磨成的粉，进食后无法消化，离开中国的茶叶便会因“大便不通而死”。有的官员甚至断定英国人的膝盖不能打弯，所以拜见中国皇帝无法下跪；他们碧蓝色的眼睛畏惧阳光，甚至到中午都不敢睁开。

1839年，林则徐刚到广州时，也误以为茶叶、大黄是“制夷之大权”，相信夷人膝盖伸展不便。他在与外国侵略者斗争的实践中，意识到自己对西方认识的贫乏、老百姓对中国之外的世界的无知。和那些守旧的顽固官僚不同，他接触到外部世界后，逐步发现并承认西方有许多长处值得中国学习借鉴，于是开始有意识、有目的地收集外文报刊、书籍进行翻译，以求获得有价值的情报，加深国人对“西洋”的了解。

当时，翻译家极少，给商人当通事的人虽通外文，但水平不高，处理重要公文难免出差池。于是，林则徐开始组织自己的翻译小组来译“夷书”。当时在林则徐府中的主要译员一共有4位：亚孟、袁德辉、林阿适、梁进德。亚孟是林则徐赴广州时随身带的通事，曾在四译馆工作。他的父亲是中国人，母亲是孟加拉人。亚孟的英文水平较

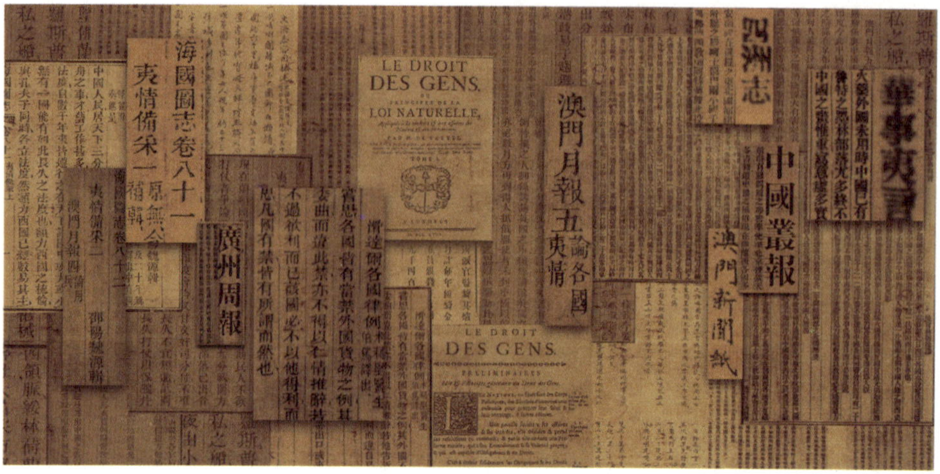

林则徐翻译小组翻译的外国书报

其他三位译员略逊一筹。袁德辉，小名小德，不仅擅长拉丁文，还会说官话，且写得一手好字。1839年春天，他被林则徐聘入府中做译员，是林府中的主要译书者。林阿适，即亚林，英文名为卫廉·波特尔（William Botelho），早年曾留学美国，1839年为林则徐所聘。梁进德，又叫亚秩，10岁就开始学习英文，被认为是4个主要译员中最精通英文的人，与英美人士的来往也比其他3人多，1839年为林则徐所聘。林则徐给予亚秩优厚的待遇，月薪约为10元至12元，足以供其养家糊口。

林则徐吸纳美国来华医学传教士彼得·伯驾为他翻译《各国律例》。

林则徐的翻译小组还吸纳外国人来做翻译，如美国来华医学传教士彼得·伯驾为林则徐翻译过瑞士法学家华达尔的《各国律例》，内容涉及战争和应敌措施，如封锁、禁运等。翻译小组还翻译了《世界地理大全》，定名为《四洲志》，它成为近代中国第一部系统介绍世界自然地理、社会历史状况的译著。他们同时把译成中文的《澳门月报》编辑为《论中国》《论茶叶》《论禁烟》《论用兵》《论各国夷情》等五辑。

林则徐组织翻译，重视翻译，运用翻译，表现出了不凡的远见。他在处理林维喜一案时，根据从《各国律例》译文中获得的国际法知识与英国驻华商务监督义律针锋相对，打击了义律的嚣张气焰，维护了民族的尊严。通过对翻译材料的分析，他可以比较正确地判断时局变化，及时调整对外政策，为禁烟活动的初步胜利奠定了基础。

林则徐被称为中国近代史上“开眼看世界的第一人”，开创了中国近代学习和研究西方的风气，对中国近代维新思想起到了启蒙作用。

绅士卖鸦片
——林则徐缉拿英国鸦片贩子

英国人自认为是世界上最文明、最有绅士风度的人，但所谓的文明人却干了“野蛮人”所不齿的鸦片贸易勾当。英国在征服印度之后，发现那儿种植了大片的罂粟花，它的种子能做成一种叫鸦片的毒品，可以烧成烟雾吞进肚子，让人沉醉上瘾。英国人认为，如果把鸦片销售给中国人，让中国人染上毒瘾，就不怕他们不花钱购买了。为了取得暴利，唯利是图的英国商人将鸦片偷运至中国。

鸦片走私贸易及印度鸦片种植区示意图

鸦片走私船背景油画

走私鸦片的飞剪船

自那时起，大量的中国人染上了鸦片烟瘾。鸦片让英国人赚足了财富，却让千千万万的中国人耗尽钱财。吸毒者精神颓废、骨瘦如柴，吸食鸦片甚至会危及生命。

1839年，林则徐提醒道光皇帝：若再不管这件事，全国的人都将成为病夫，国家穷了，甚至连可用的人、可用的兵都找不到了，最后只能亡国灭种。

西方报刊刊登的中国人吸食鸦片的场景

道光皇帝也觉得事态严重，便立刻令林则徐赴广州禁烟。1839年3月12日，林则徐向道光皇帝奏报到达广东的日期和鸦片贩子查顿畏罪潜逃、趸船异动等情况。在到达广州后的数天时间里，他发现外国鸦片贩子贩卖鸦片是广东地区鸦片泛滥的主要原因。其实早就有人给道光皇帝上了一道奏折，说有9个外国人在虎门外的伶仃洋上贩运鸦片，而整个广州城里，贩运鸦片最多的人是查顿和颠地。

查顿是英国臭名昭著的第一大鸦片走私贩子，他原本是英国东印度公司的外科医生，1832年和马地臣在广州创办怡和洋行，专门从事鸦片贸易，靠鸦片走私大发横财。林则徐来广州禁烟时，仅怡和洋行一家就被迫上缴鸦片约7000千箱，占收缴鸦片总量的1/3。

颠地是英国第二大鸦片走私贩子。林则徐到达广州后派人去抓颠地，颠地拒捕。理由很简单，3月24日是一个星期天，按照洋人的规矩，星期天是不上班的。清朝的官员要抓人，洋人百般狡辩和拖延。最后不知怎么回事，林则徐派来的人也同意星期天不上班的说法，给颠地放了一天假。1840年，颠地被林则徐驱逐出境。

1839年3月18日，即到达广州后的第8天，林则徐毅然发出收缴外商鸦片的命令，会同两广总督邓廷桢和广东巡抚怡良在越华书院传讯十三行洋商，并将缴烟谕帖交由十三行总商伍绍荣转给外国烟贩，限其3天之内将他们趸船上的所有鸦片全部缴出，到期不缴，则封舱封港，还要他们出具保证书，保证以后来中国的船上不再夹带鸦片，如果有带来，一旦查出，所有货物没收，船上人员依法论处。英国驻华商务监督义律听到这个消息后，立即从澳门赶往广州商馆，阻止外商上缴鸦片。林则徐知道后非常生气，当即下令封商馆、撤仆役、断食粮、停贸易。

迫于压力，义律终于臣服，以英国政府代表的身份，命令英商交出所有鸦片。林则徐亲临虎门监督收缴鸦片，历经38天，收缴鸦片19187箱、2119袋。

【知识链接】

问： 文章中提到的趸船，你了解吗？

答： 趸船像一个漂浮的仓库，初创于英国，获名storeship（水上仓库）。鸦片战争前，外国不法商人利用趸船走私鸦片。具体做法是在中国东南沿海，主要是伶仃洋面，停泊许多大型趸船，鸦片商人把鸦片运到趸船贮存，每艘趸船可载鸦片1000箱左右，中国商人凭提单到趸船取货，自雇船将鸦片运回广州大窖口，然后转售。随着鸦片走私的日益泛滥，外国鸦片贩子改变做法，自己直接把鸦片运到岸上交给买主。

鸦片战争后，上海开阜，趸船云集在吴淞口，成为鸦片走私的中转站。其他4个通商口岸——广州、厦门、宁波、福州，也泊有装载鸦片的趸船。鸦片输入急剧增加，以上海为例，1847年输入鸦片16500箱，1857年增加到31907箱。到了1859年，输入的鸦片已近60000箱，趸船遂被国人称之为大毒船。

到了现在，无动力装置的矩形平底趸船通常被固定在岸边，最初仅作为浮码头使用，用于装卸货物或供行人上下，后随着时代的发展也被用做商业、娱乐及水上学校等。

洋人傻眼了
——林则徐虎门销烟

1839年6月3日，天刚蒙蒙亮，广州城就沸腾起来了，人们纷纷前来围观城门旁张贴着的一张大布告。有人大声宣读着："钦差大臣林则徐，遵皇上御旨，于6月3日在虎门海滩将收缴的洋人鸦片当众销毁，沿海居民和在广州的外国人，可前往观瞻……"老年人边听边点头，笑盈盈地捋着胡须；年轻人兴奋地挥着拳头，赞不绝口；顽皮的孩子们则在人群里钻来钻去，高兴地叫喊着："销洋鬼子的大烟了，快到虎门海滩去看呀！"成群结队的百姓，穿着节日盛装，敲锣打鼓，起劲地舞着狮子和龙灯；孩子们用竹竿挑着一挂挂鞭炮，放得噼里啪啦、震耳欲聋。浩浩荡荡的人群向虎门海滩涌去。前往虎门海滩的群众经过英国商馆，那里的英国人过去趾高气扬、不可一世，可今天，商馆内却死一般寂静。几个在窗口向外探望的英国商人，见人海如潮、喊声震天，吓得赶忙把头缩了回去。

虎门离广州城约有50多千米，人们顶着6月的骄阳，经过长途跋涉，前来观看。林则徐为了表现自己的大公无私，允许洋人也可以前来观看。之前有洋人声称，林则徐绝对不会销烟，而林则徐如此大规模地销烟，恰恰是做给洋人看的。

1839年5月底，林则徐就命人在虎门海滩高处挖了两个15丈见方的正方形水池。池子前面有一个涵洞，直通大海，后面有一个水沟，可通过水沟往水池灌水。池子周围搭了几个高台，林则徐、邓廷桢、关天培等文武官员，在高台上监督销烟。

6月3日的虎门海滩，人山人海，水泄不通。销烟的民夫先把池子灌上水，然后把一包包海盐倒入池内，再把鸦片球切成4瓣扔进水里，等鸦片泡透后，再把一担担生石灰倒进池子里。不一会儿，池子像开了锅似的，黑色的鸦片在池子里翻来滚去，一团团白色烟雾从池子里往上蒸腾，弥漫了整个虎门海滩。围观的群众欢呼雀跃，在雷鸣般的欢呼声中，通向大海的涵洞被打开了，销毁的鸦片被咆哮的海水卷走了。

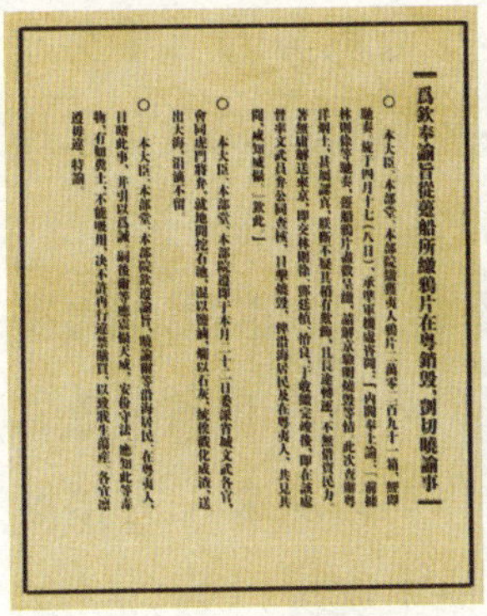
爲欽奉諭旨從躉船所繳鴉片在粵銷毀，剴切曉諭事

林则徐虎门销烟告示

林则徐虎门销烟场景图

许多外国人以为林则徐会像其他清政府官员一样，销烟只是做做样子，并不会认真地执行。当他们看到这惊天动地的场面时，都非常震惊，便恭恭敬敬地走到林则徐面前，摘下帽子，躬身弯腰，表示敬畏。林则徐一身浩然正气，对他们说："现在，天朝严令禁烟，希望你们回去以后，转告各国商人，从此要专做正当生意，千万不要违犯天朝禁令。再走私鸦片，便是自投罗网。"商人们洗耳恭听，连声称是。林则徐收缴的200多万斤鸦片，用了23天才全部销毁。这一壮举，大长了中国人民的志气，大灭了外国侵略者的威风。

发给女王的一封信
——林则徐致英国国王书

英国女王维多利亚

虎门销烟时，有几位洋人前来观看，林则徐还破例把他们请到了大帐内，跟这些洋人详谈了两个多小时。林则徐请美国奥立芬商行的股东查尔斯·金给他找一套世界地图以及一些跟英国相关的资料，希望越详细越好，其中最重要的就是马礼逊撰写的《华英字典》。此外，他还询问了跟英国女王通信的方法。

林则徐的心里有一个非常大的疑问，那就是英国女王对鸦片的态度是怎样的。在此之前，林则徐从来没有接触过君主立宪体制，他本能地以为，英国与中国一样，实行的是君主独裁体制。如今，虽然英国商人已经撤出了广州，两国的贸易也已经中断了。但是林则徐相信，为了生意，为了利润，这些商人还会回来。

在林则徐离开京城之前，道光皇帝曾经嘱咐过他，务必将鸦片清除，但不可引发战争。林则徐到达广州后，发觉自己其实对英国一无所知。于是，他找了4名翻译帮助他研究英国，研究英国的对华政策。

林则徐从收集到的资料中了解到，英国是一个岛国，大约有4000万人口，只有大清的1/10。英国全国的军队只有几十万，只有大清的1/6。他认为除了海军较为精良以外，英国几乎没有任何地方可以与天朝匹敌。

林则徐还从收集的资料中得知，英国以贸易为立国之本。从中国进口茶叶，利润巨大，国家每年的税收有很大一部分来源于此。而英国女王对鸦片贸易并不赞成，而且要求商人们服从中国的法令，对不遵守中国法律的英国人，英国政府表示不会给予保护。所以，他推论，英国绝对不会因为禁烟的事，跟中国爆发战争。

当林则徐知道了英国国内的禁烟政策后，想绕过义律，直接与英国女王建立联系，因为他觉得这位和蔼可亲的女王非常通情达理。就像义律一直觉得道光皇帝肯定不同意林则徐的这些做法一样，双方都努力想和对方的更高层建立联系。

1840年1月18日，林则徐会同两广总督邓廷桢、广东巡抚怡良发了一封致英国女王照会，托英国商船“担麻士葛”号的船主带往伦敦。这封信的意思大致是这样的：我大清皇帝对海外各国向来一视同仁。天朝对你们也格外照顾，跟你们通商了200多

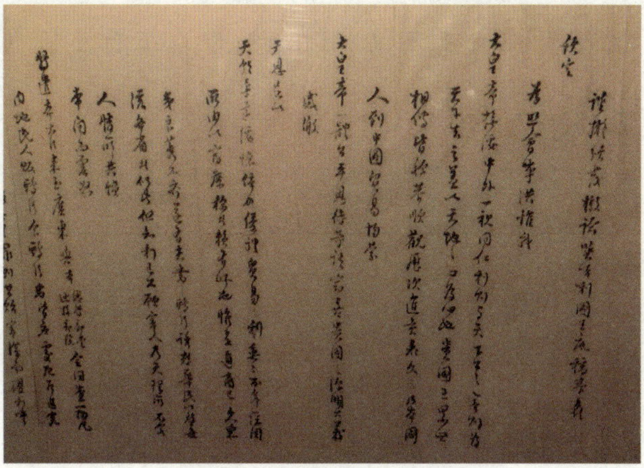

林则徐致英国女王书

年。你们国家之所以富裕，是因为跟天朝通商的结果。可现在有些商人却带着鸦片，诱惑我国人吸食。皇上听后非常生气，派我来广东禁烟。如果你们想长期贸易，就要遵守大清的法令，永远断绝鸦片来源，不要以身试法。

林则徐在这封信中恳请英国女王制止鸦片贸易，反映出希望通过和平方式实现禁烟的愿望，但信送到英国后，英国政府拒绝接收，却被英国的媒体接收了。他们把这封信全文登在了报纸上，以此嘲笑清政府的自大，甚至将这封信作为英国侵华的宣传材料之一。

【知识链接】

问：你了解维多利亚女王吗？她究竟是怎样的人？

答：维多利亚女王在统治期间，向中国倾销鸦片，并呼吁“为了大英帝国的利益”向中国发动非正义的战争，这样的她看上去不招人喜欢。但不可否认的是，极少有女人能像维多利亚一样，做一个重权在握的女王。她在位64年，是迄今为止在位时间第二长的英国君主。这一时期是英国工业、文化、政治、科学与军事都得到了相当大发展的时期，被称为“维多利亚时代”。甚至很多别国的人都开始学习英国人的生活方式，比如，像英国贵族那样喝下午茶。维多利亚女王不仅把时光消磨在工作上，也消磨在为家务操劳上，在家里，她也和我们的妈妈一样，忠于丈夫，爱护孩子，过着像平凡女人一样的幸福生活。

含冤被贬
——林则徐远戍伊犁

林则徐因为虎门销烟、奋力抗英而闻名中外，成为一代名臣、民族英雄，为后人称颂。但也因为在广东禁烟和抗击英国侵略者，林则徐成了清政府的一名“罪臣”，遭受了5年的流放生活。

林则徐在广州的禁烟功绩，最初得到了道光皇帝的充分肯定。1839年7月28日，道光皇帝看完林则徐的虎门销烟奏折，欣喜万分，誉为：“可称大快人心事！”林则徐在广东过55岁生日时，道光皇帝亲笔书写刻有“福”“寿”二字的大楷横匾，差人送往广州，以示嘉奖。但时隔不久，林则徐所面临的形势就迅速恶化起来。

虎门销烟触及了英国人的利益，1840年6月，英军派舰队封锁珠江口，进攻广州。林则徐严密布防，使英军的进攻未能得逞。英军受阻后沿海岸北上，于7月攻占定海，8月抵达天津大沽口，威胁京城。道光皇帝惊慌失措，急令直隶总督琦善前去议和，又命令两江总督伊里布去查清英军攻占定海的原因，究竟是“停止贸易”，还是“销毁鸦片”，意欲让林则徐做“替罪羊”。从此，各种诬陷、打击和指责连续降临到林则徐的头上。琦善是妥协派的官员，当然不会错过这一陷害和打击林则徐的机会。他声称英国所不满的只是林则徐一人，只要清政府惩治林则徐，所有问题都可以解决。恰在这时，林则徐又两次上奏道光皇帝，大胆陈述禁烟抗英的合理性和正义性。道光皇帝不信林则徐的上奏之词，甚至指责林则徐简直是一派胡言，实在可恶！

9月28日，道光皇帝下旨，革了林则徐的职，并命令“严加议处，来京听候部议”。这只是林则徐受到的初步惩罚，他并不知道，还有更严重的惩罚在等待着他。没过多久，林则徐收到吏部文件，通知他暂留

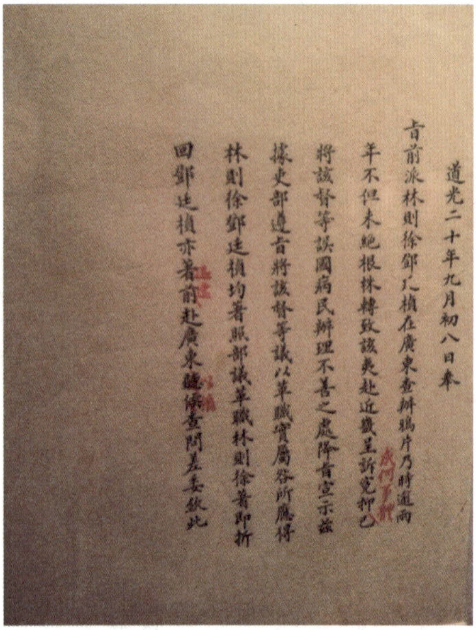
道光二十年九月初八日奉
旨前派林則徐鄧廷楨在廣東查辦鴉片乃時逾兩
年不但未絕根株轉致該夷赴近畿呈訴冤抑已
將該督等誤國病民辦理不善之處降旨宣示茲
據吏部遵旨將該督等議以革職實屬咎所應得
林則徐鄧廷楨均著照部議革職林則徐著即折
回鄧廷楨亦著前赴廣東聽候查問差委欽此

道光皇帝下令革职查办林则徐的诏书

广州，等待新任钦差大臣琦善的审问和发落。

1841年5月，林则徐又接到圣旨，被降为四品卿衔，并催促其速速赴浙江镇海听候谕旨。到镇海后，林则徐积极参与当地的海防建设事宜，力图“戴罪立功”。但是，由于接替琦善的靖逆将军奕山率军与英军作战时打了败仗，为了开脱罪责，他竟造谣说，英方是愿意议和的，他们恨之入骨的只有林则徐一人。言外之意，就是必须再次惩办林则徐，英方才能罢兵议和。道光皇帝求和心切，便把广州战败的责任再次归罪于林则徐，说他在广州任职时没有积极筹划防务，以致英军发起进攻后，奕山招架不住。6月28日，道光皇帝下旨，革去林则徐四品卿衔的职务，从重发往新疆伊犁效力赎罪。7月14日，林则徐怀着忧郁伤感的心情，一一告别前来送行的友人，凄然乘舟离开镇海。在路过扬州时，林则徐接到道光皇帝的谕旨，要他推迟赴伊犁的时间，先到河南开封去协助治理水患。

原来，这年8月初，黄河水势猛涨，开封西北的祥符堤防决口，淹没了河南、安徽所辖6府10余县。开封城被洪水围困，当地官员惊骇万状、束手无策，清政府急命军机大臣王鼎赶赴河南治水。王鼎是林则徐的至交，他乘机向道光皇帝提出，林则徐做过东河河道总督，是治河能手，可以让他到河南协

林则徐远戍新疆情景图

助完成抢堵决口的任务。王鼎的请求得到了道光皇帝的批准。林则徐接到谕旨后奔赴开封城，旋即来到堵口工地，投入治河工程。他日夜奔波，亲自督率民工挑土筑坝。经过6个月的艰辛努力，1842年3月19日，坝口终于合龙，制住了水害。

到开封治河“戴罪立功”本是道光皇帝给林则徐许下的诺言，但这一出自圣口的诺言没有兑现。王鼎也上奏道光皇帝说：林则徐治河认真努力，论功行赏应是第一，请皇上撤销对他的处罚，委以重任。但道光皇帝居然不认账，下达了继续惩治林则徐的圣旨：“林则徐于合龙后，著仍往伊犁。”1842年8月，林则徐在赴伊犁途中，于古城西安与妻子告别，挥毫写下“苟利国家生死以，岂因祸福避趋之”的千古名句。林则徐作为戍臣，被罢官流放后仍然忧心国事，可见这位政治家宽广的心胸和气度。

【知识链接】

问：道光皇帝下旨革了林则徐的职，他是不是一无是处的坏人？

答：道光皇帝是清朝的第8位皇帝，他一生中经历的最大的一件事就是鸦片战争，但是他听信谗言，革了功臣林则徐的职位，这场战争最后也以失败告终。单从这件事来看，他做得不对，但他也并非一无是处。道光皇帝小时候不但爱读书，而且非常勇敢，喜欢练习武艺，10岁就跟随爷爷（即当时的乾隆皇帝）打猎，有一次还捕获了一头鹿。后来，他当上了皇帝，兢兢业业，关心百姓，发洪水时赈济灾民、疏浚河道。他还取消了乾隆皇帝制定的封矿政策，允许矿藏开采，打破了食盐运销的垄断，降低盐价，提高了人民的生活水平。此外，他生活很简朴，穿的套裤膝盖处破了，就让人在上面补了一块补丁，后来知道在宫外补裤子要比宫内便宜二两银子，心里还有些遗憾呢。

患难之情
——林则徐与邓廷桢

邓廷桢

1839年，邓廷桢得知林则徐要到广东查禁鸦片，十分兴奋。早在林则徐赴广东途中，他就写信给林则徐立誓：同心协力，共除中国大患——鸦片。

1839年3月10日，林则徐到达广州，开始禁烟。邓廷桢给予林则徐积极支持，密切配合林则徐，成为林则徐在广东推动禁烟的亲密合作者。他们在短期内缉拿了鸦片烟贩，查抄了窑口，打击和驱逐了武装鸦片趸船，在虎门亲自监督缴收了上万箱鸦片。1839年6月3日至25日，在虎门海滩当众销毁鸦片，向全世界宣布中国禁烟的正义性。在虎门海防的建设中，邓廷桢经常陪同林则徐前往各海口视察、研究，提出建设性意见，两人相互配合。

虎门销烟虽然得到世人的广泛赞誉，但林则徐和邓廷桢因功获罪，蒙冤被贬。1840年，英国以虎门销烟为借口，对华发动了鸦片战争。道光皇帝不明就里，听信谗言，把战争的责任归咎于林则徐，以误国病民、办理不善之罪将其革职查办。

道光皇帝的一道革职谕旨，给了林则徐与邓廷桢两人狠狠一击。

革职告示中这样说道：林则徐、邓廷桢在广东查办鸦片，不但未将鸦片完全除尽，反而引起战争，这实属办理不善、误国病民。

消息封闭的道光皇帝如何能够了解到背后的真相？这场鸦片战争是英国蓄谋已久的，林则徐主持的虎门销烟只不过是他们发动战争的一个借口而已。看着大清的军队连连战败、一再退守，林则徐忧心如焚，却又无可奈何。道光皇帝一纸诏谕便撤去了他的钦差大臣之职，他被逐出政治舞台，留在广州，随时等候查问。

之后，邓廷桢、林则徐两人先后被流放到新疆。禁烟时的默契合作加上流放的共同遭遇，让两人产生了"患难弟兄，相依为命"之情。在西北边境的荒凉之地，他们时常相约，借诗抒情，用西北风景的广阔抒写内心的壮阔豪情，林则徐以"天其以我为箕子，要使此意留要荒"来勉励自己。他们经常与当地的将军、参赞等官员讨论时事，一方面了解朝廷的时政，另一方面为其提供参政意见等。在远离家乡亲人之地，林则徐、邓廷桢两人是彼此的精神支柱。

1843年1月28日，恰巧是除夕的前一天，邓廷桢作了4首诗，邀请林则徐唱和。第二天，林则徐也写了4首诗，表达思归之情和对国事的念念不忘。这是林则徐有生以来第一次在北国边塞度岁，他的心情特别激动，回想起禁烟后的种种经历，真是"碎裂肝肠怜爆竹"。林则徐将自己比喻为爆竹，为国家和人民陷入危难境地而操碎了心，但他对自己的所作所为并没有后悔，只是为自己无力报效处于危难中的祖国而感到愧疚。"正是中原薪胆日，谁能高枕醉屠苏？"即使是新年到来之际，也不敢尽情畅饮，做不到高枕无忧。

1843年8月1日，邓廷桢先被道光皇帝释放入关。临行前，林则徐赠诗送别。他借"白头到此同休戚，青史凭谁定是非"以抒怀，相信抗英禁烟的是非曲直一定能得到公正的评判。

父子两世忠孝全
——陈连升、陈举鹏血洒沙角炮台

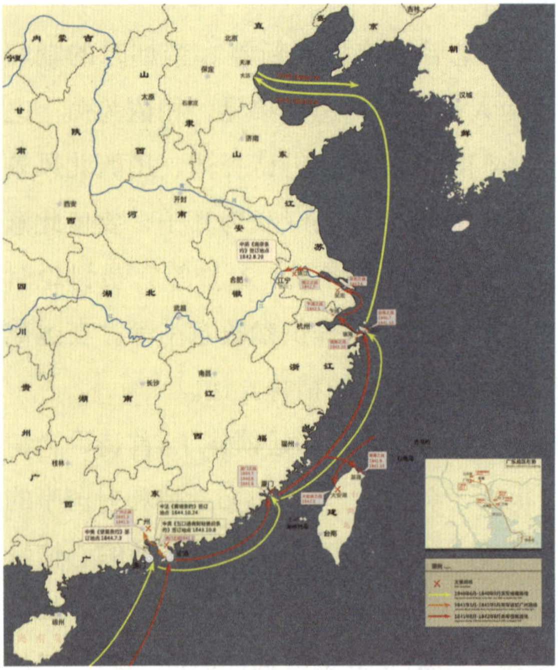

第一次鸦片战争形势示意图

1840年1月16日，英国维多利亚女王在国会上发表侵华演说，叫嚣中国的禁烟行动使英商蒙受损失，触犯了英国的尊严，明目张胆地鼓吹侵华战争。4月，英国议会通过侵华决议，决定向中国派遣一支由军舰16艘、大炮540门、武装汽船4艘、运兵船1艘、运输船27艘、武装士兵约4000人组成的英国东方远征军。1840年6月21日，英国的东方远征军在总司令懿律和海军司令伯麦的率领下，相继到达广东海面，封锁珠江口。6月28日，英国舰队海军司令伯麦发出通告，封锁珠江海口，鸦片战争正式爆发。

1841年1月7日8时，英国侵略军发出进攻虎门海口第一道防线的信号。1461名英国士兵在伯麦的率领下，分左右两路进攻，右路攻打虎门的沙角炮台，左路攻打大角炮台。驻守沙角炮台的是三江协副将陈连升。

陈连升，湖北省鹤峰土家族人，行伍出身，做过都司、游击，

1838年7月由官涌营调守沙角炮台。由于陈连升积极备战，沙角炮台已是一个很坚固的阵地。当时，进攻沙角炮台的英军兵力多，战舰多，有恃无恐。正面前锋舰船直冲而来，向沙角炮台开炮，另外两艘舰船也从正面攻向沙角炮台。陈连升临危不惧，身先士卒，率领兵将共600余人，用扛炮和事先埋藏的地雷御敌，炸死炸伤敌军多人。沙角炮台居高临下，处于有利位置，加上炮台筑得坚固，因此，尽管英国舰船有62门大炮轮番向沙角炮台轰击，陈连升指挥官兵还是以猛烈的炮火压住了英军的正面进攻。

位于沙角炮台的陈连升雕塑

沙角炮台左前方一带水域俗称穿鼻洋，防御兵力比沙角炮台薄弱，前来攻击的英军陆战队前锋乘机分两路偷袭，自穿鼻洋抢滩登陆。由于奸细带路，两小时后，英军占领了穿鼻洋海岸的制高点，俯视整个沙角炮台阵地。这样，沙角炮台处于腹背受敌的境地。英军前后夹攻，很快攻破炮台。英军前锋仗着炮火猛烈，人多势众，登梯闯入炮台，杀死游击张青麟。英军海陆会合后，肆无忌惮地用排枪向炮台内扫射。在这危急关头，陈连升并未退缩，而是设法召集被英军冲散的士兵，与数倍于己的敌人展开殊死搏斗，镇定地指挥战斗。陈连升又以落后装备射击来犯之敌，在枪林弹雨中击退了敌人的多次进攻。当局势危急时，陈连升嘱令其子陈举鹏带兵回营。陈举鹏不从，誓与父亲共同战斗。激战中，最后终因武器低劣、敌众我寡，陈连升胸部中弹，饮恨疆场，陈举鹏见父亲牺牲，悲痛欲绝，面对穷凶极恶的英军，率士卒反击，挥刀横冲直杀，杀死杀伤英军多名，虽自己负伤，血染战衣，仍勇战不止，最终与守台将士壮烈殉国。经过一天的

沙角之战油画

激战，沙角炮台终陷敌手，600名爱国志士的鲜血，染红了这里的每一寸土地。英军占领沙角炮台、大角炮台后，全力破坏了大炮与防御工事。

陈氏父子为保卫祖国而英勇奋战的事迹为后人传诵。爱国诗人张维屏的《三将军歌》歌颂道："英夷犯粤寇氛恶，将军奉檄守沙角。奋前击贼贼稍却，公奋无如兵力弱。凶徒蜂拥向公扑，短兵相接乱刀落。乱刀斫公肢体分，公体虽分神则完。公子救父死阵前，父子两世忠孝全。"

英国来华军舰"伯兰汉"号

战斗情谊
——林则徐与关天培

林则徐在广东领导禁烟运动、抗击外来侵略势力、维护中华民族尊严的斗争中，与广东水师提督、爱国名将关天培结成的深厚战斗友谊也是有口皆碑的。其实，林则徐与关天培早在1823年便在江苏相识了。

关天培

1832年，英国侵略者为了布署侵华作战计划，派胡夏米统领侦察船到我国沿海活动。为了严防鸦片入境，林则徐筹划将胡夏米的船只驱逐出境，由关天培亲自督押。这是林则徐与关天培为保卫祖国海疆的第一次合作。林则徐的“贤名”与关天培的“干济之才”，成了连接他们友谊的桥梁。

1834年，关天培升任广东水师提督。1839年，林则徐任钦差大臣，到广东禁烟，两度驻扎虎门。两人再次合作，根除鸦片祸害，巩固祖国南疆。林则徐见识过关天培的本领与胆识，非常器重关天培。虎门销烟后，英国的印度总督派军舰到澳门，英国水兵在尖沙咀行凶打死村民林维喜，义律拒不交凶。林则徐意识到英国侵略者不会善罢甘休，能否顶得住侵略者的战争挑衅，对他来说是个严峻的考验。珠江口上战云密布，林则徐与关天培全力以赴，准备随时还击侵略者的武装进攻，在虎门增加了多座炮台和大炮，同时动员并组织民众操练。

1839年10月29日，英国商船在中国引水员的导航下，驶至穿鼻洋海面准备报关入口，突然两艘英兵船炮击水师船，炸毁火船一艘。关天培亲身挺立桅前，自拔腰刀，指挥本船士兵和后船开炮回击。一发炮弹击落一片桅木，将关天培手背擦破，他奋不顾身，仍持刀指挥战斗。一艘英国兵船前后都被我军火炮击中，不少英兵跌落海中，英船落荒逃去。由于林则徐早有谁备，加之关天培身先士卒，亲自率领士兵英勇抵抗，英国侵略者的进犯以惨败告终。穿鼻洋海战的胜利，大大增强了林则徐彻底根除鸦片之患、反击强敌的信心。林则徐对关天培矢志战斗在南国疆场的大无畏英雄气概无限钦佩。

1840年6月，英国政府继续派出48艘战舰和4000名士兵到达广州海面，准备向中国发动进攻。那些天，英国军舰在我国海面上耀武扬威地游来荡去，气氛很紧张。谣言四起，有些官兵心里七上八下的。林则徐一点儿也不惊慌，找到关天培问道："洋人现在这么猖狂，我们可不能被动地等着挨打呀！"关天培说："您说打，我就去打！"林则徐果断地说："主动出击！把我们的兵勇派出去，到海面上找洋人打。""好！"关天培忍不住吼出了心里的声音。他们仔细地商量好对策后，派出大、小兵船70多只，1000多名水勇，由机智勇敢的副将马辰等人率领，出海寻敌。林则徐和关天培亲自来到前沿阵地，鼓励将士们："洋人在海上散布谣言，扰乱我军心民心，闹得人们日夜不安。我们一定要打掉他们的威风。"

过了3天，关天培带兵出海来到了一个叫冷水角的地方，在那里发现了一艘英国兵船。他指挥的将领立即派出几只快艇，追了上去，射出一发炮弹正好击中了敌舰的腰部。那艘敌舰见势不妙，赶紧逃跑了。这次胜利鼓舞了士气。到了傍晚，他们又发现了10艘敌舰，水勇们非常高兴，全力向敌船冲了过去。当离英舰越来越近的时候，指挥的将领下令开炮。几发炮弹掠过汹涌的波涛，落在英舰上，把其中一艘英舰的船体击穿了几个大洞。那些英国士兵纷纷落入水中。夜幕降临时分，英军兵船不敢再打，趁着天黑，赶紧逃往远海去了。

以林则徐、关天培为代表的中华英雄儿女，面对英国的野蛮侵略，在国家生死存亡的历史关头，坚决反对帝国主义的殖民入侵，他们为捍卫国家完整和民族独立所表现出来的英雄气概，永远值得人们铭记。

一副挽联的解读

——六旬将军殉难靖远炮台

有这样一副挽联：“六载固金汤，问何人忽坏长城，孤注空教躬尽瘁；双忠同坎壈，闻异类亦钦伟节，归魂相送面如生。”这是1841年2月27日，林则徐为悼念在虎门之战中战死的关天培撰写的挽联。这副挽联所表达的不仅仅是对死者深切的缅怀之情，还隐隐投射出强烈的悲愤之意。

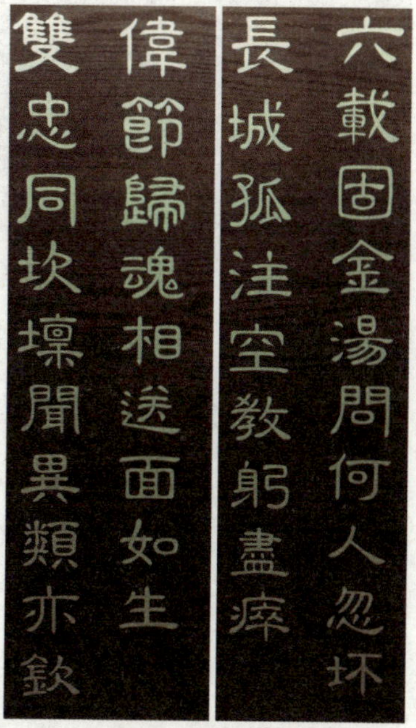

林则徐为悼念在虎门之战中战死的关天培撰写的挽联

一个半世纪前，当时贪婪成性的英国殖民者为实现海外扩张的阴谋，将侵略的魔爪伸向中国，悍然发动蓄谋已久的鸦片战争。在战争期间，英军阳奉阴违，表面上与清政府进行谈判，暗地里却纠集舰队突袭扼守珠江口的军事重镇虎门。

虎门威远岛有威远炮台、靖远炮台、镇远炮台，其中靖远炮台是虎门最大、配炮最多的一座炮台，配有60门大炮。1841年2月，广东水师提督关天培见英军蜂拥而来，虎门危急，临时将水师提督衙署从虎门寨移驻靖远炮台，就近指挥，以鼓舞士气。靖远炮台因此成了英军的主攻目标。

英国军舰趁着涨潮，在大炮掩护下，蜂拥而至地扑向靖远炮台，顿时弹片四溅，砂石乱飞。连日奔波劳累已致心力交瘁、疲惫不堪的关天培挥刀督阵，将士们拼死还击。关天培多处受伤，仍指挥若定，

关天培在虎门之战中殉难靖远炮台。

还代替牺牲了的炮手亲自点燃8000斤的大炮轰击敌舰。战斗到下午2点多钟，已有5门大炮炮身发红裂开。此时英军的炮火仍十分猛烈，清军弹药消耗殆尽，英军乘势登陆，直扑靖远炮台。危急中，已受伤数十处、被鲜血染透了衣甲的关天培拔出佩刀屹立台上，怒目圆睁，将仇恨与悲愤凝注在手中锋利的钢刀上，狠狠砍杀闯上炮台的英兵，越战

虎门海战图

越勇。随从孙长庆见事危急，想把关天培背出阵地。关天培不许，并捧出提督大印交给孙长庆，命其保护大印。此时，关天培已坚持战斗达10小时之久。突然，一发炮弹当胸而至，这位老将军为捍卫祖国的尊严和神圣领土不受践踏而血洒疆场，以身殉国。当英军冲上指挥台时，早已中弹身亡的关天培仍然双目圆睁，执刀巍然屹立。眼见凛然不可侵犯的关天培，英军从心里发出由衷的钦佩，称他为“最杰出的元帅”，并鸣枪致敬。一起参加战斗的游击麦廷章与400余名守台将士也为国捐躯，靖远炮台失守。

靖远炮台陷落后，英军榴弹交飞，威远山头一片火海焦土，威远、镇远诸台相继失守，关天培苦心经营了6年的“金锁铜关”就这样被断送，虎门保卫战悲壮地失败了。

虎门炮台失陷的第二天，关天培、麦廷章等人殉国的噩耗传到广州。林则徐悲痛欲绝，彻夜难眠，含着热泪，怀着敬佩之情，挥笔疾书撰写了这副长达38字的挽联，表达了他对关天培、麦廷章等爱国英雄的沉痛追忆与哀思，痛斥了投降派琦善自毁长城、误国害民的卖国行径。

一副挽联，浓缩了这段血与火、灵与肉、正义与邪恶的悲壮历史。被缅怀的人早已化作一堆枯骨离我们远去了，但他们身上洋溢着的爱国主义精神却代代相传、熠熠生辉，鞭策着活着的人们生生不息、永远向前。

【知识链接】

问：“六载固金汤，问何人忽坏长城，孤注空教躬尽瘁；双忠同坎壈，闻异类亦钦伟节，归魂相送面如生。”这副挽联你读懂了吗?

答：上联是写关天培任广东水师提督6年间，苦心经营的坚固海防，竟由于清政府投降派官吏的破坏而毁于一旦，致使守疆将士含恨殉国。下联歌颂了关天培及同时殉难的爱国壮士的崇高气节，连他们的敌人也不得不赞叹钦佩。壮士虽然已经牺牲，但在林则徐的心里，他们好像还活着，没有远去，可见林则徐对关天培有多么的不舍。“双忠”，指关天培及与其一同牺牲的将领麦廷章。“坎壈”形容困顿、不顺利。联语正反相对，痛斥卖国贼，赞扬殉国者，语挚情深，痛心疾首之情溢于言表。

英魂永驻
——定海三总兵浴血战英军

葛云飞

1841年6月，英国决定撤回义律，改派璞鼎查为全权公使，增派援军。抵达广州后，璞鼎查立即与海军司令巴加、陆军司令郭富会合，率英军2500人、军舰36艘，大举向北进犯。不久，英军攻陷厦门，稍事休整后继续北上，直指定海。定海位于舟山中部，北面有晓峰岭，岭下为竹山门，东面为关山，西面是九安门，只有南面临海，是海陆来往的要道。为了防御敌军入侵，定海总兵葛云飞经两江总督裕谦同意，在关山至竹山门之间筑起一道长墙。葛云飞亲自镇守关山，处州总兵郑国鸿驻守竹山门，寿春总兵王锡朋驻守晓峰岭。

8月12日，英军舰队抵达舟山群岛海面。下午，4艘军舰乘潮闯入竹山门，还未来得及停留，就被郑国鸿率军击退。英军并不死心，当

王锡朋

郑国鸿

天夜里，他们占据了距竹山门1海里（1.852千米）之外的大、小五奎山，连夜赶筑炮兵阵地，安置大炮。

8月16日，英军在五奎山炮火的支援下，向晓峰岭、竹山门发起强攻，清朝守军顽强抵抗。当时正值阴雨连绵季节，天气阴冷，清军将士身穿湿透的衣甲在泥泞中苦战了一个昼夜。17日凌晨，英军乘清军饥寒疲惫之际，兵分两路向清军发起了猛烈的进攻。西路进攻晓峰岭、竹山门，东路直扑关山。晓峰岭守军在王锡朋的指挥下奋勇苦战，直打到炮管发红仍拼死搏杀。但终因武器不敌，渐渐不支，王锡朋战死，阵地沦陷。

英军占领晓峰岭后，居高临下直扑竹山门，郑国鸿率军死战，武器用尽便与敌人贴身肉搏。最后，郑国鸿身受重伤，力竭而亡，竹山门失守。英西路军得手后，立即向东，同东路军会合，在炮兵的配合下猛扑关山。葛云飞身先士卒，在他的带领下，将士们个个奋不顾身，前仆后继，与英军展开激战。葛云飞受伤40多处，仍坚持杀敌，直至牺牲。至此，定海三总兵全部牺牲，其所率将士大部分壮烈殉国，定海落入敌手。

抗击英军　杀身成仁

——封疆大吏裕谦与镇海共存亡

英国来华军舰“敏盾”号

定海失守后，英军乘势进攻镇海。两江总督裕谦召集地方官员，立誓死守。裕谦，原名裕泰，1793年出身于将门世家，1839年以江苏布政使的身份代理江苏巡抚一职，成为独当一面的封疆大吏。

在湖北、江苏等处任职期间，裕谦勤政廉明，关注民情，兴修水利，发展生产，继续开展禁烟运动，对吸食、贩卖鸦片的不法分子进行严厉打击。在他的努力下，禁烟效果相当显著，查获大量烟土、烟具等物，缉获烟贩1000余名，使江苏成为仅次于广东的取得禁烟卓著成效的省份。

1840年6月，第一次鸦片战争爆发，英国侵略军凭借其船坚炮利占领了定海，对浙江和江苏造成了很大的威胁。当时，以江苏巡抚身份“兼职”两江总督的裕谦，坚决反对妥协，坚持抵抗侵略。他奏请清政府增加火炮，建造炮台，加强江苏地区的防御。在他的领导下，各级官兵严密防守。同年8月，英国军舰在崇明岛附近出现了。裕谦命令清军埋伏起来，全神贯注地盯住英军的动向。后来，这伙英军准备登陆，被裕谦领导的军民杀得大败，灰溜溜地逃回了浙江，不敢再轻易到江苏附近的海域。

1841年，裕谦上奏道光皇帝，力数投降派的无耻卖国行为。道光皇帝任命裕谦为钦差大臣，督办浙江沿海军务差使，筹划防守事宜。2月27日，裕谦赶赴镇海军营，接收了关防事宜。

1841年8月26日凌晨，英国侵略者出动29艘战舰，横截海面，英军兵分3路，一路登南岸，一路围困金鸡山炮台，一路攻打招宝山，大举进犯定海。裕谦设防严密，积极还击，与敌人血战6昼夜，终因清政府腐败，后援失继，令定海失守。这时，裕谦心急如焚，一面誓守镇海，一面向清政府建议，速调江宁、寿春、徐州等地驻军支援镇海。裕谦亲自督战，率爱国官兵奋力作战，战斗进行得异常激烈。

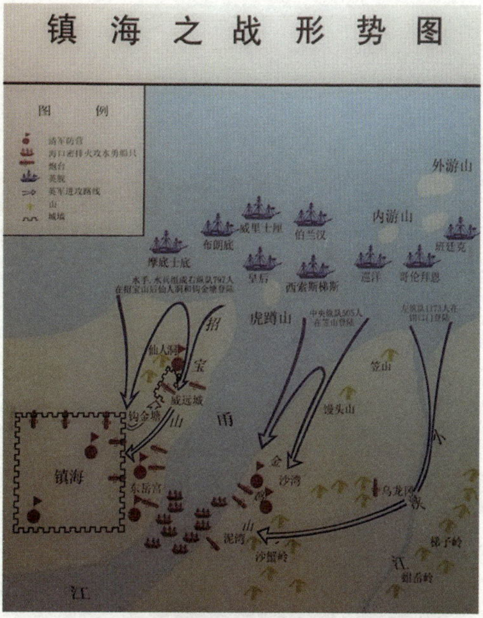

镇海之战形势图

由于极少数贪生怕死的将领临阵脱逃，裕谦不得不将战术由“分路迎敌”改为“扼要合击”，并传令部下从半山压击英军。英军凭借猛烈炮火掩护强行登陆，配合舰队炮击，构成三面夹攻。在侵略者的猛烈攻势下，威远城失守。接着，英军用大炮对镇海城进行猛烈轰击，以掩护军队从东门攻城。当时清军的伤亡相当惨重，武器装备也遭到了严重的损害。但爱国官兵仍然对侵略者以牙还牙，奋起开炮还击。最终，由于英国侵略军炮火的猛烈打击，清军官兵力不能支。此时，裕谦看到大势已去，知城不可守，便抱着“城在人在，城亡人亡”的念头跳水，以求杀身成仁。

后来，他被部下救起，护送出城，第二天在浙江余姚附近逝世，结束了短暂而光辉的一生。道光皇帝得知裕谦的死讯，下诏赠裕谦太子太保、予骑都尉兼一等云骑尉世职，附祀京师昭忠祠，在镇海城建立祠堂，并赐予其谥号“靖节”。

甘当伙夫兵的提督大人

——江南提督陈化成

陈化成

1841年，英军攻陷定海、镇海、宁波三城后，继续北上，占领了海防重镇乍浦，直逼长江。吴淞口位于黄浦江流入长江的入口处，驻守吴淞口的是60多岁的江南水师提督陈化成。英军攻陷定海，葛云飞等将士牺牲的消息传来后，他积极备战，亲自察看吴淞一带的江防地形，筑起了26座坚固的土堡炮台，督造精良的铁炮、火药。江南水师平时缺乏训练，陈化成便以勇敢善战的福建亲兵为教练，并亲临校场，督促激励。陈化成当即向部下表示，死于疆场是武臣的幸运，鼓励部下为国立功。

陈化成治军素以爱兵如子、身先士卒著称。镇守吴淞时，有一天大雪压帐，他整夜未眠，清早即到处巡视，嘘寒问暖，发棉衣给衣衫单薄破烂的士兵御寒。因此，将士们都很敬重他，称他为“陈佛”。

陈化成对待士兵和百姓像对待自己的子女一样。他接任江南水师提督的时候，不住在衙门，却到前线和官兵一起生活，还穿上士兵服装到伙房当助理伙头军。

他看见厨房内吊着大块小块的猪肉，感到奇怪，就问：“为什么要把猪肉切成一块块的吊着？”伙头军以为他是新来的老杂工，就说：“这猪肉不是买的，是吴淞口卖肉的送来的，不要钱。”陈化成听了就说："岂有此理，卖肉的也不是不用本钱的。"伙头军说："你刚来不懂，这是老规矩。咱们守海防，百姓当然要来慰劳啦！"陈化成又问："为什么要分大小块呢？"伙头军详细介绍说："这是按大小官来分的。"顺手指着那块最大的说，这份最大的是送给刚来的提督大人的。

陈化成心里想，这种风气太坏了，应该废除，就问那份大的要多少钱。伙头军说，足足要值一两银子。陈化成从口袋里掏出一两碎银说："我买这块大份的，把它切了放在大家的菜中一起吃。"伙头军惊奇地说："你有几个脑袋，敢占提督大人的份额？"陈化成笑着说："何必大惊小怪，提督也是人嘛。你看，我像吗？"伙头军大喊一声："你胆大包天，竟敢冒充主帅。走！跟我去见大人。"说着拉着陈化成就要走。陈化成说："不要着急，要见大人容易，我不是站在你面前吗？"顺手拿出金印。伙头军一看，吓得浑身冒汗，跪在地上求饶。陈化成扶他起来，并说道："起来，不知者无罪。这事与你无关，以后只要按命令办事就行了。"陈化成说完，马上回到提督帐内，下令无论大小官，猪肉一律按价付钱，猪肉全部充公，官兵要同等对待，并下令废除这种歪风，任何官兵不得接受百姓送的礼。

百姓听说废除不良规矩，万分高兴。后来，当地开始流传一首歌谣：

将军体下情，甘当伙夫兵；

严令破恶俗，一颗爱民心。

1842年4月，英国舰队驶达吴淞口外的鸡骨礁，准备夺取吴淞口。5月，英国舰队直扑吴淞口，战争从清晨一直持续到中午，陈化成始终站在最前沿，亲自督战。这时，守城的战士已死伤过半，他右臂受伤，血染战袍，仍亲自装填弹药。下午，在巨炮的掩护下，他登上吴淞口西炮台，身中七弹，壮烈牺牲。守台将士全部阵亡，吴淞口落入敌手。

民族魂·中国梦

——林则徐诗词歌咏会

林则徐是近代中国放眼看世界的第一人，他开明务实、发愤图强的精神，激励着中华儿女为实现民族复兴、国家富强而进行坚持不懈的努力。因此，在青少年中进一步弘扬林则徐伟大的爱国主义精神与自强不息的民族精神，激励他们为实现“中国梦”而奋发拼搏，有积极的现实意义。

林则徐不但是一位济世匡时的正直官吏，还是一位优秀的诗人。林则徐一生在各个时期都写有大量的诗词，记述了他的思想和行动。这里，我们节选了林则徐的部分爱国诗篇，让我们通过诗词咏怀的形式表达对林则徐的敬仰之情……

《林则徐诗词咏怀》脚本

（旁白）

1838年11月23日，林则徐接到道光皇帝宣他觐见的谕旨。不久，他被任命为钦差大臣，赶赴广东查禁鸦片。途中，经过江西，他作诗《酬吴沧斋侍郎·其睿》，抒发了受命于危难之际禁绝烟毒的情怀。

（朗诵）

酬吴沧斋侍郎·其睿（节选）

眼看时事息肩[1]难，欲挽颓波[2]酌猛宽[3]。
集议休教同筑室[4]，领军何必竞登坛[5]。
苍生果自防枭毒[6]，丹笔[7]奚劳触豸冠[8]。
凭仗儒宗[9]主风教[10]，请纡筹策[11]逮粗官[12]。

［注释］

[1] 息肩：卸去负担。

[2] 颓波：此处指烟毒泛滥的衰败风气。

[3] 酌猛宽：在对禁烟采取宽大或严厉的手段之间费斟酌。

[4] 筑室：喻已无主意，而与不相干的人共谋，必难成功。

[5] 登坛：拜将出征。

[6] 枭毒：指私贩鸦片的毒害。

[7] 丹笔：书写罪人名册用的红笔。

[8] 豸（zhì）冠：即獬豸冠，古代执法官吏所戴的冠。

[9] 儒宗：儒者的宗师。

[10] 风教：教化。

[11] 纡筹策：想尽谋略。

[12] 粗官：武官。

（旁白）

当林则徐奉旨查办鸦片之际，再次表现出超人的勇识和胆气。面对利诱，他严词指斥；面对狡辩，他直陈道义；面对负隅顽抗，他以暴治暴，毫不妥协；而面对统治集团内部的弹劾诽谤，他赋诗明志。

（朗诵）

次韵和嶰筠前辈

蛮烟[1]一扫众魔降，说法[2]凭公树法幢[3]。

域外贪狼[4]犹帖耳[5]，肯教狂噬[6]纵村尨[7]。

近闻筹海[8]盛封章[9]，突兀[10]班心[11]字有芒。

谁识然犀[12]经慧照，那容李树代桃僵[13]。

［注释］

[1] 蛮烟：蛮荒烟瘴，指烟毒。

[2] 说法：佛教以讲道为说法。在这里比喻邓廷桢在禁烟中的大智大勇。

[3] 法幢：降妖用的法具。

[4] 域外贪狼：指外国鸦片贩子。

[5] 帖耳：驯服的样子。

[6] 噬：咬。

[7] 村龙（páng）：野狗。指民间造谣诬陷禁烟的那些人。

[8] 筹海：指筹议海防夷务。

[9] 封章：密封的奏章。

[10] 突兀：突然，出乎意料。

[11] 班心：朝廷中御史所立之处。此指朝廷。

[12] 然犀：指慧眼能洞察潜存的妖物。此指邓廷桢对加强广东海防的深虑远谋。

[13] 李树代桃僵：桃树僵死，以李树代之。这句的意思是，怎好让邓廷桢代自己受“过”呢。

（旁白）

1841 年，英舰猛攻虎门，关天培驻守靖远炮台，率将士死战，壮烈牺牲。消息传到广州，林则徐悲愤交加，挥毫写下了这副挽联。

（朗诵）

六载[1]固金汤[2]，问何人忽坏长城[3]，孤注[4]空教躬尽瘁[5]。

双忠[6]同坎壈[7]，闻异类[8]亦钦伟节[9]，归魂相送面如生。

[注释]

[1] 六载：关天培担任广东水师提督的 6 年。

[2] 金汤：金城汤池之省称。金比喻为坚固，汤比喻为沸水。

[3] 长城：比喻重要、坚固。用在这里指失去重要的倚靠。

[4] 孤注：倾其所有，当作赌注。此处指战到无援军仍奋战不止。

[5] 躬尽瘁：化自诸葛亮《出师表》：“鞠躬尽瘁，死而后已。”

[6] 双忠：指关天培和麦廷章。

[7] 坎壈（lǎn）：不平。比喻遭遇不顺利的事。

[8] 异类：指英国侵略者。

[9] 伟节：指晚年节操。此处含忠贞气节意。

（旁白）

虎门销烟后，林则徐因功获罪，蒙冤被贬，被发配到距家千里之遥的新疆伊犁。1842 年 8 月，林则徐赴戍途中挥毫写下了《赴戍登程口占示家人》这样的不朽诗篇。这是首告别家人之作，诗中尽述国事家愁，几重感情交织。作为一个谪臣，语气平和，不作任何牢骚语，却隐隐蕴含压抑不下的忧患意识，颇见这位近代政治家的个性、心胸和气度。

（朗诵）

赴戍登程口占示家人（节选）

力微任重久神疲，再竭衰庸定不支。

苟利国家生死以，岂因祸福避趋之？

谪居正是君恩厚，养拙刚于戍卒宜。

戏与山妻谈故事，试吟断送老头皮。

（音乐起，领唱出，集体合唱）

第二章 聆听历史声音

历史的回声叩响心扉。中华民族是一个不屈的民族，有着自信、自强的民族之魂！富贵不能淫，贫贱不能移，威武不能屈！在苦难中成就伟大，在前进中铸造辉煌！“苟利国家生死以，岂因祸福避趋之。”让我们倾听历史伟人所发出的声音，将民族的豪迈与刚强、血性与尊严、责任与使命放在心中。仰望星空，脚踏实地，共同奋步前行……

古老的神话传说
——虎门由来

传说，镇守珠江口的南海龙王用金锁制服了一只企图吞食龙女的斑斓猛虎。不料，这只老虎却是一只怀了孕的母老虎，就在龙王欲将它送上西天的时候，母老虎突然产下幼仔。

位于珠江海口的大虎山、小虎山

龙王虽然下了决心，但一见幼仔，还是动了恻隐之心，便对母老虎说：“你如果从此改邪归正，替我守好珠江出海口，不让坏人去坑害老百姓，我便放你一条生路。”

母老虎一听，顿时泪流满面，点头同意了。

龙王爷看到珠江口有了守门虎，便带着龙儿龙女回深海龙宫颐养天年去了。

望着远去的龙王爷，母老虎方知责任重大。于是，她守在江口的左边，让仔虎守在江口的右边，双目圆睁地注视着海面上的一举一动，恪尽职守。

19世纪20年代的伶仃洋画照

两山对峙，大小船只通过此处，个个都谨小慎微。而龙王的金锁则变成了如今的金锁牌岛。大、小虎山千百年相对，不免有伶仃之感，所以人们便把珠江口外的海域叫作伶仃洋。

虎吼山动，人们以为是雄狮吼叫，又把珠江口河面称作狮子洋。

以上虽为传说，但虎门自古就是一块英雄的土地。震惊中外的销烟锣鼓在这里敲响，中国人民反侵略斗争的序幕在这里拉开，抗击外敌的隆隆战炮在这里打响。这块英雄的土地，浸透着先烈们的热血，凝聚着虎门军民的爱国情怀。如今，一座充满活力、动感无限的现代化城市正在崛起。

崛起的现代海滨城市——虎门

【知识链接】

问： 古代的虎门是怎么样的呢？

答： 虎门历史源远流长，已知此地最早的人类文明距今已有 3000 多年的历史。早在 3000 年前，先民就在虎门一带定居生活；自秦统一中国后，开始对虎门实行有效的行政管辖；唐宋以来，中原移民纷纷南迁，虎门人气渐旺，文脉绵延。虎门古称“靖康”，四面环海，海岛林立。海湾、渔村、盐田、草织，还有海港、商人、商船，奠定了传统虎门的发展基业，塑造出现代虎门的海洋性格。独特的地理位置，丰富的自然资源，深厚的人文底蕴，催生出一批颇具特色的产业经济，并由此推动了虎门从农业文明向商业文明发展。

崛起的海上霸主
——英国殖民扩张

在乾隆皇帝忙着下江南游玩的时候，世界上正发生着惊天动地的变化。在遥远的英国，有一个名叫瓦特的人，发明了蒸汽机，这个人造怪兽比牛马的力气还要大得多。而当时的中国人对这些事情一无所知，他

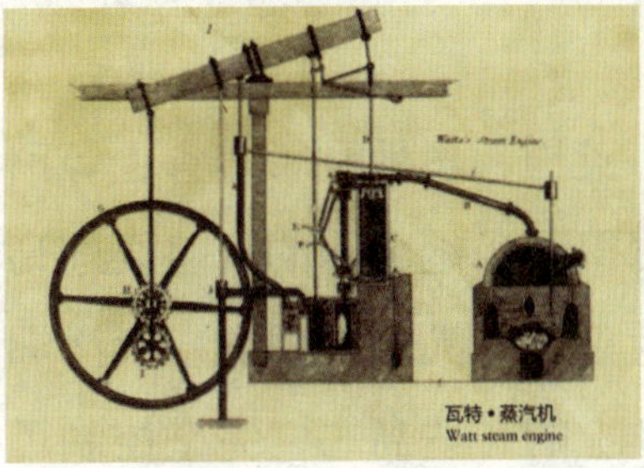

瓦特改良的蒸汽机

清代男耕女织图

往来中国贸易的西方商船

们正过着男耕女织、自给自足的生活。在他们眼里，英国人和所有的外国人一样，是一种皮肤很白，鼻子很高，头发与眼珠五颜六色，身上有怪味的野蛮人。

早在1565年，当时的英国女王就派遣一名叫作伍德的使臣，绕过非洲大陆南端西侧的好望角来到中国。伍德深知这次中国之旅使命重大，那封女王致中国皇帝的信，他不知阅读了多少遍。他清楚地记得，在这次中国之行的78年前，也就是1487年，葡萄牙航海家迪亚士探险到了好望角，继而找到了美丽富饶的印度和东南亚，获得了珍稀宝物。伍德迫切希望通过这次东方之旅，也能寻找到中国这个富裕的国度，看看它的地有多大，财有多富，人是什么模样。但是，伍德的船队在航行中极为不顺，不是遭遇台风和冰山，就是遭遇海盗，要么就缺水缺粮，终于，最后一条船也沉没海底，女王的信自然也深藏海底。

通过这次冒险来看，西方人为了寻找传说中“黄金俯首可得”的东方帝国，不惜付出巨大代价。因为他们明白，找到了中国，就等于找到了财富。

于是，英国人便沿着葡萄牙人和西班牙人拥有的专用航线，再次为掠夺东方古老文明帝国的财富而来。

1814年，反拿破仑战争结束，俄国、英国、奥地利、普鲁士等国在奥地利首都维也纳举行分赃会议，英国得到了地中海的战略要地马耳他岛、爱奥尼亚群岛，北海的赫耳果兰岛，非洲的好望角，大洋洲的塔斯马尼亚岛以及西印度群岛和印度洋上的一些岛屿，完全控制了地中海，基本上控制了大西洋，并为进一步向印度洋、太平洋扩张准备了条件，也使其“海上霸主”的地位进一步得到了巩固。

【知识链接】

问： 欧洲人在十五六世纪热衷于开辟新航路的原因是什么？

答： 其一，15世纪前后，随着商品经济的发展和资本主义生产关系的萌芽，西欧国家对黄金和白银的需求量增加。

其二，自《马可·波罗游记》在欧洲流传以来，很多人希望到东方去寻金。

其三，15世纪中叶，奥斯曼土耳其帝国占领地中海广大地区，控制了东西方之间的商路，因此，很多西方人希望开辟新航路。

其四，葡萄牙和西班牙等国的统治者希望通过海外探险获得财富，以巩固统治。

其五，传播天主教的热情，也是人们寻求前往东方新航路的原因之一。

东风西渐　贸易出超
——中西方正常贸易

在广州十三行的对外贸易中，茶叶、生丝、陶瓷都是主要的出口商品，尤其是茶叶。从1718年到鸦片战争前的中英贸易中，茶叶占输出总值的90%以上，英国成为中国茶叶外销的最大客户。18世纪中叶，茶叶已从英国上流社会的嗜好品迅速成为一种全国性的需求。最后全民都要喝下午茶，甚至必须喝下午茶。一到下午茶时间，全英国的人都会停止工作去喝茶。到鸦片战争前夕，英国从中国进口的茶叶已经以千万磅（1磅约等于0.45千克）计，但是中国出口的茶叶质量越来越恶劣。茶商一开始把茶叶老老实实地卖给人家，后来，不良茶商开始向收购上来的茶叶里掺泥土或沙子，再后来，有些茶农也开始这么做，最后搞得英国人苦不堪言。

十三行同文街一景

清代茶叶贸易的繁忙景象

当时，欧美各国输入中国的商品种类、数量也很多，有香料、棉纺织品、呢绒制品、金银制品、钟表、餐具、玻璃器皿等。他们远涉重洋、千辛万苦地把这些商品运到中国，希望地大物博、人口众多的中国能给他们带来滚滚的财源。但和中国如火如荼的出口贸易相比，外国商品在中国市场却举步维艰。这些商品既不符合中国老百姓的需求，也远远超出一般人的购买力，所以在中国的销路并不好。

中国商品受到西方人的喜爱。

例如，当年有一个英国人听说几亿中国人吃饭都用两根棍子，而不用刀叉，觉得这是一个绝好的发财机会。他想，如果每个中国人都买一副刀叉，那将是多么巨大的一笔生意啊！但是，中国人就是喜欢用便宜的筷子，不愿用昂贵的刀叉。因此，当年往来中国与欧洲之间的商船，离开中国时装的是满满的货物，来到中国时一半的商船只能装黄金和白银。中国巨额对外贸易顺差一直保持到19世纪初鸦片贸易兴起前夕。早期，英国对远东的贸易是由东印度公司专营的，这是一个商人的联合组织。这个公司觉得，总是从中国买茶叶，而自己的商品在中国打不开销路，这样长期下去，他们与中国人做贸易太吃亏了。而且由于硬通货不足，英国商人每每需要从墨西哥或南美等地运来鹰洋、白银才能跟中国人做生意，这样做太费事了。英国人希望用一种新的替代物来打破这种贸易结构的不平衡，于是他们想到了鸦片。所以说，发生在19世纪30年代末的虎门销烟，并不是偶然的历史事件，而是中华民族的爱国主义与西方列强推行的殖民主义碰撞的必然结果。

【知识链接】

问： 中国茶是如何成为西方“时尚饮料”的？

答： 中国是茶的原产地，相传茶的发现与利用最早起源于神农。《神农本草》中记载：“神农尝百草，一日遇七十二毒，得茶而解。”中国古老的茶文化源远流长，至于饮茶文化兴起于何时，大部分史料记载开始于汉，盛行于唐。世界各国的茶叶都是从中国引进的，早在5世纪末，就有土耳其商人以物换茶。17世纪中叶，茶叶开始传到欧洲。当时，茶叶在英国还是稀罕之物，被当作医治昏迷、虚弱的名贵草药出售。到了19世纪早期，饮茶已经成为英国普通家庭的生活方式。这种茶中往往添加了许多牛奶和糖，热量很高，因而对收入非常有限的劳动阶层来说，在肉和啤酒价格飞涨的时代，“面包＋茶叶”就成为他们非常理想的食谱。

久敲不开的天朝大门
——清政府限关锁国

道光皇帝

鸦片战争期间，道光皇帝有两个经典笑话一直广为流传：一个是鸦片战争失败之后，道光皇帝竟然不知道侵略中国的英国在何方？道光皇帝对于清朝这样一个天朝大国竟被一个蛮夷小邦打败了，感到不可思议。他问群臣：“英吉利在何方？距我大清有多远？有无陆路可通？”对于皇帝的问话，群臣也是一头雾水。大家可以试想一下，一个国家的皇帝都如此无知，他的臣子又能比他强到哪里去呢？还有一次，道光皇帝在扬威将军奕经的折子上批了几条写语，是有关英国女王的。他好奇地问道：“英国的女王才22岁，一个女孩子是怎么当上国王的？她有没有结婚呢？他的丈夫是什么人？在英国是什么职务呢？”这两个笑话一直被当作道光皇帝孤陋寡闻以及清政府愚昧落后的证据，实则不过是东西方交流不畅的结果。

粤海关外洋船牌

一方面，自誉为“天朝上国”的清政府无知地认为“天朝物产丰盈，无所不有”，不需要与外国互通有无；另一方面，从国家安全角度出发，为了断绝东南沿海的反清力量之间的联系，实施了限关锁国的政策。当然，这一政策巩固了国家安全，但同时也使中国断绝了与世界的联系。

粤海关——限关时期的总关口

18世纪，由于中外贸易往来日趋频繁和人民反清起义不断发生，清政府担心外人和汉人会结合起来反对清政府。1717年，清政府下令不许中国商船到欧洲人控制的南洋地区进行贸易。清政府在对贸易范围进行限制的同时，禁止西方人传教，减少中外之间的往来。1727年，清政府又明确规定外国商船只能到广东和福建两地进行贸易。1757年，一道圣旨从京城传到沿海各省，乾隆皇帝下令外国商人只能在广州一地进行贸易，这就是所谓的“一口通商”政策。这一命令标志着清政府彻底奉行起限关锁国的政策。乾隆的这道圣旨常被视为导致近代中国落后于世界的原因之一。

【知识链接】

问：清政府限关锁国的原因是什么？

答：第一，清政府实行限关政策一定程度上是为了防止外来势力的干扰，但从经济、文化、政治方面来讲，各有弊端。经济上，阻碍了资本主义的发展。文化上，阻碍了西方民主文化的传播。政治上，让封建势力在中国更加腐朽。

第二，统治阶级怀有妄自尊大的心理，自诩“天朝上国”，盲目排外，不思进取，保守愚昧。清政府试图通过限关政策，对内加固自身的统治，对外进行民族“自卫”。

关于磕头引发的争议
——马戛尔尼的外交挫败

18世纪，欧洲工业革命开始后，英国的国力已经位列欧洲诸国的首位，但是英国国王并不满意，因此决定派使团前往中国，希望跟中国建立外交关系，加强和中国的贸易往来。1792年9月26日，大英帝国的朴茨茅斯港口一片欢腾，帝国的两艘战舰在这里正式起航，他们的目标是地球彼端遥远的中国。在船头，舰队的首领马戛尔尼望着苍茫的大海，此时的他肩负着乔治三世国王赋予的使命——为英国商业打开中国大门。这个使团规模空前，人员中有外交官、贵族、医生、画家，甚至还有乐师和技师，算上水手和士兵，整个舰队有将近700人，蔚为壮观。为了取悦中国的皇帝和大臣们，马戛尔尼的使团带来了众多的礼品。不仅有他们最新的发明，如蒸汽机、棉纺机、织布机等，还有当时英国规模最大并装备有110门大炮的“君主”号战舰模型，在礼单中甚至专门提及了迫击炮、步枪、连发手枪等。一些精美的仪器也列入了礼单，如望远镜、天体运行仪、地球仪等。马戛尔尼率领的英国使团相信，这些东西会引起中国人的好奇和兴趣。

马戛尔尼使团访华情景图

马戛尔尼使团觐见乾隆皇帝图

但是问题来了，英国使团不肯接受向当时的中国皇帝乾隆下跪叩头的要求。马戛尔尼表示，在英国，即使拜见国王，礼节也仅仅是单膝下跪，英国没有磕头的礼节。但大清官员坚持，这是觐见皇帝的唯一礼节，从来没有任何人可以例外。这个消息很快传到了乾隆皇帝那里。乾隆皇帝听到英吉利使团不肯下跪后很不高兴，在他看来，单膝下跪是一种粗鲁的臣服方式。但是英国人不远万里前来，作为大清帝国的皇帝，为了显示自己的大度，他还是格外恩准了马戛尔尼只单膝下跪的要求。西方文明和中国文化的冲突，在礼节这个问题上展露无遗。

随后，马戛尔尼向天朝的皇帝呈递了英国国王的信，并呈送了他们的礼品。然而，他们的礼物并没有带给官员们惊喜，中国人对马戛尔尼使团带来的东西根本不感兴趣。在他们的眼里，这些洋东西不过是些无用的“奇技淫巧”罢了。乾隆皇帝认为这些英吉利的野蛮人不懂礼节，也就没有任何心思听他们提出的设立使节、加强商贸往来的要求。马戛尔尼后来再也没有机会和乾隆皇帝见面了，他们的外交请求最终在两国不同文化相互碰撞的背景下变成了泡影。马戛尔尼也许不明白，在以礼仪之邦自居的天朝大国，乾隆皇帝眼里的天朝是物产丰盈、无所不有的，哪里需要和外国人打交道、做生意呢？至于学习他们的先进技术，就更是不可能的了。

马戛尔尼访华虽然没有达到打开中国门户、扩张英国贸易的目的，但使团沿途收集了大量有关中国政治、经济、军事的情报，为日后英国侵略中国做了资料准备。从此，18世纪盛行于欧洲的关于中国强盛富庶的看法开始改变。40余年之后，鸦片战争爆发，英国用武力打开了中国关闭的大门。

西方人眼中的中国人形象

【知识链接】

问：马戛尔尼率团访华失败的原因是什么？

答：第一，中国的限关锁国政策很难改变。

第二，清政府的愚昧无知、盲目自大。

第三，英国与中国通商只是为了从中国获得利益，一定程度上不符合清政府的利益。

来了一个叫律劳卑的人
——英舰突闯虎门事件

首任英国驻华商务监督律劳卑

虽然中英两国一直在“下跪不下跪，磕头不磕头”的争论中互不相让，但生意还得继续做。1759年，清政府为了加强对对外贸易的管理而制定了法律，颁布了《防范外夷规条》，规定不许外国商人同中国百姓和官吏随便接触，禁止外国商人在广州过冬，外国商人在非贸易季节必须迁往澳门，禁止外国商人私自雇佣中国仆役，外国商人到广州只能居住在自己的洋行，外国商人在广州的活动由行商负责监督等。

英国政府为进一步加深对中国这个庞大贸易市场的侵入，1834年便在广州设置了一个直接受英国政府控制的商务总监，而这个职务的第一任，就是海军军官出身的王室贵族韦廉·约翰·律劳卑。

1834年，律劳卑令两艘英国军舰炮击虎门。

律劳卑在中国的日子不好过，没有受到任何优待和尊敬。恼羞成怒的他向英国政府提出要对华使用武力，鼓吹中国的大门非用暴力不能打开。律劳卑未经许可，擅自进入广州城，违反了大清律例。两广总督卢坤下令他迅速离境，并扬言要中断中英贸易。律劳卑雇人在广州各处张贴告示，指责卢坤。9月2日，卢坤下令全面终止与英国的贸易，并派兵包围英商馆，撤走所有中国佣工，严禁中国人向英国人提供任何供给。律劳卑调来英国的一艘巡逻艇和两艘护卫舰驶向黄埔，向清廷进行示威，与广东水师在虎门炮台交火35分钟。

这次在虎门的交战，是中国在近代史上首次与西方列强发生的军事冲突。

肥肉要从虎门吃起
——威德尔到虎门遭“冷遇”

作为西方大国，英国上层通过连续3个世纪对中国的寻找和不断了解，已越来越发觉这个东方帝国就像一块上等的“肥肉”，但是要从哪里吃起呢？

下口的地方就在虎门。如果闯进了虎门海口，就可以进入珠江；

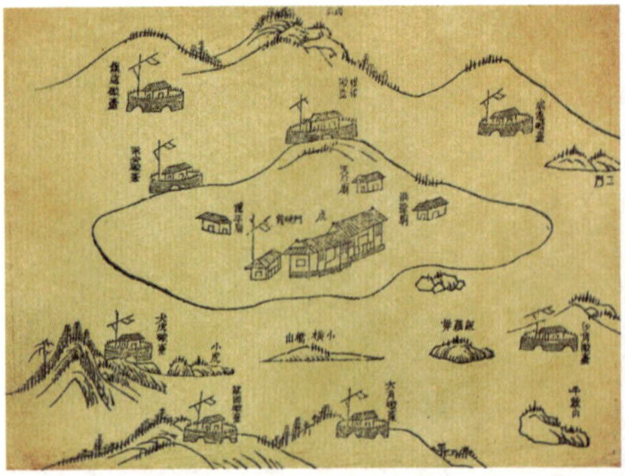

虎门海口图

英国军舰炮击虎门图

进了珠江，深入中国内地就不成问题了。

1637年6月，英国商会派出的一支船队来到中国，船长叫威德尔。据说，这次船队的冒险计划得到了前所未有的支持，但是这支商船队刚刚进入虎门海口，就遭到了冷遇，被虎门炮台守军勒令返回。雄心勃勃的威德尔哪能接受这个结局！他在未经允许的情况下，倚仗船队的武装实力，不顾清军的一再警告和拦截，强行闯入虎门海口。无奈之下，虎门守军开始炮击，英船队进行还击。毫无准备的中英海军遭遇战就这样打响了。战争的结果是威德尔所没有料到的：虎门守军不堪一击，很快便败下阵来；英国船队自由自在地靠在了太平镇口码头，占领了炮台。更可恨的是，威德尔指挥部下将中国炮台的35门火炮搬到自己的船上，并逼迫一位渔民赴广州送信，要求所谓的通商。后来一连串的事实，打破了威德尔的梦想：先是中国沿海乡村的民众不愿意与他们贸易，虎门村寨的人只要一见到他们，不是远远地躲开，就是关起店门拒绝与他们谈生意。广东衙门调集各路大军封锁了虎门海陆各通道，使得威德尔不敢轻举妄动。

没有淡水，没有食物，威德尔挂起了白旗，然后坐到了谈判桌前，答应了中方提出的“退出炮台，交还赃物，方可到广州指定地点做生意”的要求。就这样，威德尔在中国人面前迅速由敌人变成了商人，成了第一批经允许到达广州的英国人。船队一靠上广州码头，他就疯狂地采购。但他对于此次中国之行感到非常失望，仅仅带回一批中国商品是很难向英王交代的，更不是船队远涉重洋的目的。不过，威德尔在失望之中又发现了一线希望：中国的通商大门并没有完全关闭，澳门就好比大门中的一条缝，老牌的西方殖民者牢牢控制住了这条缝，那就是葡萄牙人获准在澳门居住。威德尔感到这次东方之旅受到了莫大的侮辱，他想打破葡萄牙人的垄断，甚至想独吞中国这块“肥肉”。当船队途经虎门海口行将回国的时候，他特派船队中的“皮纳斯·安”号到虎门入海口进行地形考察，以期下次再来中国时能将其作为他们的永久性“根据地”。

【知识链接】

问：你知道虎门地区清代海防遗存被誉为南方“海上长城”吗？

答：虎门地区清代海防遗存主要由炮位、暗道、火药局、围墙、演武厅、堑壕和障碍物、烈士墓以及水师提督衙署寨墙组成。明代洪武年间，虎门地区就有了简单的防御工事。到了清代，历经各朝的建设，虎门地区的海防规模越来越大，体系越来越完善，成为中国南方最大的防御工事，有南方“海上长城”之誉。虎门海防从始建至今近300年，历经战争的洗礼、岁月的磨蚀，仍然保留着昔日的风采。

严禁还是弛禁
——一场关于禁烟问题的大讨论

18世纪以来，鸦片已遍布全国，在各地传播和发展的速度很快，并带来了一系列的社会问题，引起了清朝统治者的关注。自雍正以来，清政府一直厉行禁烟政策，但事与愿违，鸦片问题愈禁愈严重。

太常寺少卿许乃济

终于有一天，太常寺少卿许乃济上奏道光皇帝。太常寺是管礼乐的，在清朝，这是一个典型的闲事部门。但许乃济曾在广东当过按察使（相当于管理民生的副省长），对鸦片走私情况非常清楚。他提出，还是不要禁止鸦片了。

许乃济说："鸦片这东西，本来是药材，是用来治疗拉肚子的。吸的时间长了，就会上瘾，吸鸦片的人很难克制，所以禁令不管用。自从鸦片走私盛行之后，洋人不需要拿银子买货了，国家的银子有出没进，所以物价越来越离谱。国内走私鸦片的，都是亡命之徒。皇上，法律并不能解决所有问题啊！臣以为，吸食鸦片的人都是些不务正业的人，无足轻重。不如让鸦片按药材进口，洋人照旧纳税，这样的话，纳税比行贿便宜，洋人何乐而不为呢？只要严禁官员、学生和士兵吸鸦片，每年国家就可以省下上千万两银子。这些年来，不准我们的百姓种植，所以只能从洋人那里买。如果取消种植禁令，国内自产自销，洋人无利可图，自己就会消失的。"

道光皇帝百思不得其解，他干脆让广州的官员自己讨论，是不是要弛禁。弛禁论在广州引起了强烈反响，从行商到洋人，无不欢喜雀跃。特别是洋人，纷纷回国融资，准备来年大干一场。但是，还有一些人坚决反对弛禁鸦片。鸿胪寺卿黄爵滋也上了一道奏折主张严禁鸦片，并且提出了一种新方法。

鸿胪寺卿黄爵滋

黄爵滋上书道："鸦片之所以有这么庞大的市场，就是因为吸烟的人实在太多了，如果没有吸烟的人，那么你请烟贩子来，他也不来，所以根治鸦片的方法，不在于严查海口，而在于治理乱民，必须给烟民施加重刑。请皇上下旨，给烟民一年时间戒烟，如果一年之内不能戒烟，就按谋反罪斩首。把他们治成死罪，那烟民就再也没有退路，只能戒烟了。洋人制造鸦片，但是他们自己并不吸，洋人当中如果有吸烟的，他们国家的法律是把这些吸烟的绑在竹竿上，然后用大炮轰到海里去。就算是烟贩子最多的英国，也同样立法规定，吸食鸦片是死罪。”

清朝内部开展弛禁与严禁的禁烟大讨论。

这道奏折打动了道光皇帝。他非常想严禁鸦片，只是觉得这个办法有些过于严厉。于是，他让全国省部级大员集体讨论要不要禁烟，要怎么禁烟。

全国的省部级大员共有28人陈述了看法，其中有8人同意加重惩罚，他们当中以陶澍和林则徐为首，他们成为后来的严禁派。但大部分的官员都主张禁毒应该从源头抓起，以严查走私和贩运为主，不能将数百万的吸毒者全部斩首。

集体讨论的结果是诞生了《钦定严禁鸦片烟条例》，这篇条例总共有39条，内容非常的复杂，主要包括：所有吸毒人员，在一年半之内必须戒烟，不戒禁烟者将被判刑。鸦片烟贩就地正法，斩立决。所有开设烟馆以及包庇贩毒的官员，就地正法，绞立决。为国内走私提供货源的洋人，就地正法，首犯斩立决，从犯绞立决。

这就没有什么好说的了，除了吸毒人员是死缓以外，其他凡是参与鸦片销售的相关人员，无论洋人还是中国人全杀，就地正法。

【知识链接】

问： 你了解黄爵滋这个人吗？

答： 黄爵滋，清代官吏、诗人，字德成，号树斋，江西省宜黄县人，官至礼、刑二部侍郎。他是积极倡导禁烟的先驱者之一，与林则徐、邓廷桢等均为禁烟名臣。在鸦片战争前，他建议禁烟应重治吸食者，挑起了在全国各省军政大吏中关于严禁、驰禁的一场大辩论。鸦片战争爆发后，他奉命赴闽、浙查办鸦片走私问题和视察海防，主张坚持抵抗侵略，揭露投降派的对外妥协阴谋。

刑场放在十三行广场
——广州人民的禁烟斗争

从19世纪初至鸦片战争前夕，英、美等国大量向中国走私鸦片。当时，广州是全国唯一的对外通商口岸，也就成了鸦片走私贸易的中心。广州的外国洋行更是成为鸦片贩子的活动据点，鸦片烟馆到处可见。

1838年12月12日，广州人民自发地掀起了一场反对鸦片侵略的示威活动。这一天，邓廷桢决定处决一个公然开设鸦片烟馆的名叫何老金的犯人。广州地方官吏押着何老金，准备在十三行商馆广场上的美国国旗下执行绞刑，以达到威慑作用。十三行商馆当时曾长期出租给外国商人居住和使用，珠江上停泊着大大小小的各式船只，其中既有帆船，也有小渔船，还有画舫。十三行商馆的两层小楼房漂亮整齐地沿着江边一字排开，商馆前的广场上，美国、英国、瑞典等国家的五颜六色的国旗正在迎风飘扬。

按照邓廷桢事先的安排，几个穿号衣、戴红缨帽的士兵在广场上竖起绞刑架。当时有两个英国商人看到后急忙赶回去汇报，美国领事降下国旗对此举表示抗议。随后，约80个火冒三丈的洋人很快纠集在一起，这些洋人立刻把绞刑架砸烂，拿起木板砸向执行人。英、美两国商人冲出来捣乱刑场，挥舞着手杖。这一情况激起了中国民众的极大愤慨。当天下午，闻讯赶来的上万民众包围了英、美两国的商馆，表示抗议。可是，他们竟继续挑衅，手持棍棒，见人便打。愤怒的民众也奋起回击，拾起砖头、瓦块，纷纷砸向商馆的玻璃窗，拆毁了栏杆。英、美两国的商人缩在商馆里不敢露面了。随后，犯人何老金被带到公共刑场去执行绞刑。此后不久，钦差大臣林则徐抵达广州查禁鸦片，对于那些贩卖鸦片的商贩来说，这无疑是晴天霹雳，而对于两广总督邓廷桢来说又是雪中送炭。

英、美两国商人捣乱刑场情境图

广州人民开展的禁烟斗争，初步显示出中国人民捍卫国家主权和反抗外国侵略者的坚强决心和勇气，带动了全国各地此起彼伏的禁烟热潮。

【知识链接】

问： 十三行现在的地理位置在哪里？

答： 在广州文化公园的北面，有一条马路名叫十三行路，那里就是在旧中国外贸史上曾经呼风唤雨、显赫一时的十三行所在地。

广州自古以来就是我国对外贸易与文化交往的重要港口。而荔湾区则因其优越便利的地理位置，享有“外贸古港”的称誉。自汉代以来，各国每次到中国朝贡，除带来给皇帝的贡品外，还带来大量的货物。朝贡的船只到了广州后，贡使捧表进京朝贡，而其他货物则就地贩卖，这就形成了清初十三行对外贸易的起源。怀远驿、粤海关、十三行等都在日益频繁的对外交往中应运而生。

“若鸦片一日未绝，本大臣一日不回”
——林则徐赴粤禁烟

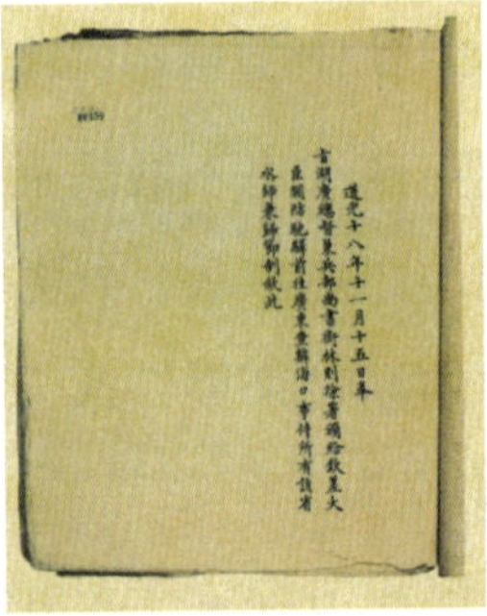
道光十八年十一月十五日奉
旨湖广总督兵部尚书衔林则徐著颁给钦差大
臣关防驰驿前往广东查办海口事件所有该省
水师兼归节制钦此

道光皇帝颁给林则徐的钦差大臣委任状

1838年12月26日，林则徐风尘仆仆地从湖北抵达京城，而从林则徐到京的第二天起，道光皇帝连续8天8次召见林则徐，与其共商禁烟办法。

12月27日，道光皇帝第一次召见林则徐。这天清晨6点多钟，早朝过后，道光皇帝宣林则徐觐见。道光皇帝表示要严禁鸦片，命林则徐赴广州担当重任。林则徐深知禁烟一事阻力重重，举步维艰，故一再婉拒。无奈圣旨已下，加上皇帝对他寄予厚望，林则徐只好遵命。

28日，君臣共同讨论了禁烟与外夷挑衅动武的问题。林则徐向道光皇帝表示，要想彻底根除毒品，就不要怕同洋人打仗，有备才无后患。他劝皇上不必担心，建议其消除顾虑，严加查禁。他还提出，只要朝廷不动摇，“严禁”这一目的一定能实现。林则徐的一番话，更加坚定了道光皇帝禁烟的决心。

29日，林则徐详述加强武备、整顿边防的意见，道光皇帝大为满意。此外，道光皇帝还询问了林则徐有关水利的问题，林则徐侃侃而谈，面奏了有关直隶水利事宜的12条意见。

30日的召见，林则徐骑马入宫，递折子谢恩。道光皇帝见林则徐骑马很紧张，便说："卿不惯骑马，可坐椅子轿。"这次召见中，林则徐向道光皇帝建议，应该加强海防建设，防止外国入侵。

最后一次召见是在1839年1月3日，林则徐清晨6时就乘轿入宫，跪拜道光皇帝，请安辞别，表示一定完成皇上交给的使命。

1839年1月8日，林则徐怀着对道光皇帝知遇之恩的感激之情，怀着一颗忠君报国的拳拳之心，冒着漫天呼啸的风雪，踏上了前往广州的迢迢之路，并立下誓言："若鸦片一日未绝，本大臣一日不回，誓与此事相始终，断无中止之理。"这掷地有声的铿锵誓言，大义凛然，正气凌云，它表明了林则徐禁绝鸦片的坚定决心和忠贞爱国的崇高品质，也表达了中国人民反对鸦片侵略的坚强信念。

【知识链接】

问：什么是钦差大臣？这个职务有哪些"特权"呢？

答：钦差大臣又简称钦差，是明清时期一种临时官职，是由皇帝专门派出办理某事的官员。因为代表了皇帝本人，所以其地位十分了得。担任该官职的往往都是皇帝信得过的高官。清代钦差又称钦使，统兵者则称钦帅，驻外使节称钦差出使某国大臣。比如，当年林则徐到广州禁烟即是以钦差身份前往。

“本大臣不要钱，要你的脑袋”
——林则徐传讯十三行行商

十三行外国商馆区

钦差大人要传讯十三行行商了！这一消息犹如一道晴空霹雳，十三行行商顿觉灾祸临头了。所谓十三行，是指拥有外贸资格、可以直接和洋人做生意的商行，也称洋商。

鸦片战争前，清政府采取限关锁国政策，在对外贸易上只开放广州一个口岸，而且实行洋行制度，规定外国人来中国进行贸易或外事交涉概由广州十三洋行行商经管，即由行商充当中介来沟通中外政府的关系，以限制地方政府和海关的官员与外国人直接接触。由于这项政策，行商具有对外交往的重大权力和方便，他们凭借这种特有的地位，垄断对外贸易，勾结外国侵略势力和地方官吏，走私舞弊，收受贿赂，贩卖鸦片，私运白银，从而发财致富，成为一种兼具封建性和买办性的特殊商人。对于行商暗地勾结、包庇外商鸦片贩子的行径，林则徐十分气愤。因此，听到钦差大人传讯，行商们个个心惊胆战。

行辕大堂上，气氛庄严紧张。十三行行商战战兢兢，跪见公差。只见林则徐端居中央，神色严峻，面带怒气。起初，一些行商还心存幻想，以为林则徐未尽知其底细。不料，林则徐一连串的厉声训斥，如一声声轰雷在他们头上做响。十三行与洋人勾结，走私鸦片；与海关书吏勾结，偷漏白银关税。他们的种种不法行为已被林则徐事先调查掌握，林则徐对十三行行商进行了毫不留情的训斥，并且颁布了两项非常严格的命令。

第一项命令是，让他们先写下了自己的罪状，然后回去明确地告诉其他商人，他们的罪行已经被政府掌握了，要立即一一详细地据实招供，政府会根据他们的招供情况一一查办。第二项命令是让十三行行商向外商转达的。林则徐呵斥外商走私鸦片是“骗人财而害人命，此人心所共愤，亦天理所难容”，限他们三日内交出在海面船只上的所有鸦片，并填写英、汉两种文字的保证书。也就是说，外商在具结（旧时向官府表示悔改的文件）上签字画押后，如再贩烟，不仅全部鸦片和货物统统没收，而且要处以死刑。

行商们连连叩头求恕，老奸巨滑的总商伍绍荣还想使出惯用伎俩，妄图以“捐赠”家产的方式行巨贿，以求免罪。他万万没想到，林则徐听后勃然大怒，起身厉喝：“本大臣不要钱，要你的脑袋。”

伍绍荣惊呆了，他一向深信官府都奉行“千里做官是为钱”的哲学，眼前却挺立着一位不要钱的大臣。

林则徐传讯十三行行商，一方面是为了切断外国鸦片贩子的内应，另一方面是想通过行商让外商明白清政府严查烟片走私的决心。

【知识链接】

问：你知道世界首富伍秉鉴吗？

答：2001年，美国《华尔街日报》统计了1000年来世界上最富有的50人，其中有6名中国人，他们分别是成吉思汗、忽必烈、刘瑾、和坤、伍秉鉴和宋子文。相对其他5位来说，伍秉鉴是唯一一个凭借商业贸易成为世界首富的中国人。文中提到的伍绍荣是伍秉鉴的五儿子，他子承父业，是怡和行老板和十三行总商。在外国人眼里，伍秉鉴就是财富的化身，他的商名浩官也成了发财致富的同义词，

伍秉鉴

以至于美国波士顿的一艘商船也以冠上了“浩官”号的名称而自豪。他曾经亲手撕毁一位美国商人7.2万两白银的借据，也曾经给美国的义子约翰·福布斯（此人日后成为美国著名的铁路大王）50万银元，帮助他创立了旗昌洋行，慷慨之举在外商中广为流传。他的投资遍及美国、欧洲各国、印度和新加坡，被西方学者誉为“天下第一大富翁”。

封锁商馆　断粮断水

——林则徐围馆封仓

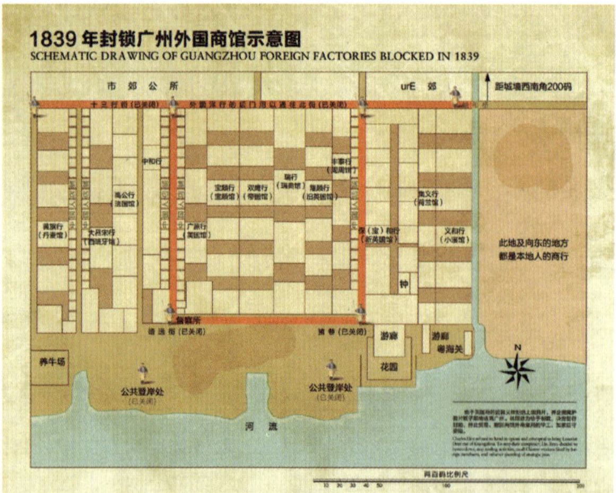

1839年封锁广州外国商馆示意图

林则徐下令，由粤海关监督豫堃发布告示，禁止外国人离开广州。十三行的老板们在公所大厅向外商转达了林则徐的命令。但外商们并没有把林则徐的命令当回事，他们认为事态没有那么严重，于是假借一些冠冕堂皇的理由，对林则徐的命令置之不理。

林则徐愤怒了，下令包围外商在广州的商馆。各外国商馆通往外界的道路被封锁了，后门都被人用砖砌死了，后门外的河里全是中国官船，连商馆周围的建筑里都布满了监视的人，气氛紧张起来。深夜，外商们聚在一起开了个会。或许是林则徐的震慑起了作用，外商们一致认为情况危险了，同意交出1000箱鸦片。林则徐命令邓廷桢召见十三行行商，驳回外商交1000箱鸦片的呈报。同时，林则徐接到海南、番禺等县衙报告，一个名叫颠地的英国大商人阻挠美国商人上缴鸦片。林则徐当机立断，立即下令传讯英国鸦片贩子颠地。

此时，英国驻华商务监督义律也发现此次禁烟形势不妙，于是命令所有英国船只悬挂英国国旗开往香港，置于英国军舰的保护之下，以避免中国政府的攻击。而对于林则徐要求他们提供的甘结（旧时交给官府的一种画押字据，表示愿意承担某种责任或义务），英国商人死活不答应。林则徐大怒，驳斥道："你们国王向来恭顺，一直感恩天朝开放广州贸易，而且我朝也一再告诫你们，让你们遵守天朝法律。这份甘结，也是中国法律。如果有人到英国去做生意，可以不遵守英国的法律吗？你们不肯写，分明就是预留后路，还想今后再走私鸦片！"义律也急了，把行商们拿来的甘结撕得粉碎，扔到炉子里，然后说："你们杀了我吧，去告诉林则徐，我不想活了！"

林则徐面对外国烟贩们的百般抵赖，当即下令包围商馆，撤出工役，断绝供应。遵照林则徐的命令，差役对停靠在港口的所有外国货船暂时全部封舱，一切货物的装卸都不准进行，一切贸易都暂时停业。一艘艘满载水勇的巡船，据守在商馆周围水道上，断绝洋人水上去路；一队队兵丁守卫在通往商馆的各街道口，不准洋人出入。各色工匠不准接受洋人雇用，沿江所有船号不再给洋人运货、送人；所有房子不再租给洋人居住；外商商馆里的买办、工役全都撤出了。从这时起，商馆里所有的杂事，包括做饭、洗衣、扫地、铺床等，统统要自己做了，于是那些外国老爷就玩不转了，遭受了前所未有的折磨。迫于压力，义律终于屈服，以英国代表的身份，命令英商交出所有鸦片。直至英、美两国商人将全部鸦片交缴完毕，林则徐才解除商馆封锁。

为了展现天朝的宽大胸怀，林大人每收缴1箱鸦片便送给英国商人5斤茶叶，义律拒绝接受，也仍然不肯写甘结。他发布了一份声明，说上缴鸦片实在是迫不得已，而且认为林则徐不会给广州带来和平稳定。他命令所有的英国人离开广州，所有的商船不准进入海关。这一次，作为商务监督的他，主动停止了所有的中英贸易。

鸦片已经全部收缴上来了，英国人也全部离开广州了，就差如何销毁的问题了。鸦片战争当中最辉煌的一篇将要来临，销烟！

虎门六台　金锁铜关
——整顿虎门海防

虎门，位于珠江入海口的上横档岛上，地势险要，犹如瓶颈，是进入广州的咽喉要道，因此，自明代起就在虎门海口设立要塞，以控制出海口。清代以来，又陆续在此设立多个炮台。到鸦片战争时，这里已经拥有全国海防炮台中规模最大且体系完整的立体防御工事。所以，虎门历来就是兵家必争之地，控制了虎门海口，就等于控制了鸦片进入广州的主要通道。

《筹海初集》中的虎门海口防务图

从1839年3月10日到4月10日，林则徐在广州工作了30多天。在这30多天中，他一刻也没忘记离广州城40里的虎门要塞。

4月11日，林则徐日夜兼程到达虎门镇口，第二天便会同邓廷桢在沙角码头监督缴烟，4月21日即赴虎门海口视察海防，提出具体的设防计划，为后来的销烟做好准备。

在视察虎门形势时，林则徐视察的第一站是虎门最重要的门户——沙角炮台、大角炮台。

林则徐、关天培组织修建虎门防御工事情景图

自伶仃洋过龙穴岛往北，两江对峙，江面狭窄，东面山上就是沙角炮台。与沙角炮台相距3600多米的大角炮台位居珠江口，是第一道防线。林则徐看到炮台墙加厚，还增加了新式大炮，并修了一个弹药库，挖了一条直通跑位的地道，十分满意。林则徐不停地看这看那，问长问短。

当来到虎门第二重门户——下横档岛、南山巡视时，他已筋疲力尽，于是便利用过江的短暂时间休息了一会儿。在水师船上，林则徐对关天培说："沙角炮台是我们海防建设中的重中之重，必须从实战出发，认真建设，需改造的改造，需添置的添置，只要把银两花在刀刃上，不管缺多少钱都由我来想办法。"

经过南山时，林则徐看到一位头发花白的老民工正跟小伙子一起抬大石头，便过去问道："老大爷，您这么大年纪了，抬得动吗？"那个老民工抹了抹脸上的汗说："关大人同我岁数一样，不是也和我们一样干活吗？"工地上的水勇和民工见林则徐在问话，都围拢过来。林则徐见他们个个满身是汗，心里很感动。他站在大石头上，大声招手说："乡亲们很辛苦，请大家休息一会儿吧！"大家异口同声地说："不累，英国鬼子强卖鸦片，强占土地，我们一万个不答应。"

这期间，林则徐还视察了正在施工的木排铁链。接着，林则徐又视察了靖远炮台和威远炮台，和关天培一起试演了3门5000斤大炮。在虎门期间，他最后一站视察的是大、小虎山炮台。大虎山，小虎山，昂峙如虎，是外国商人进入广州的必经之路，1818年建成炮台，水师提督关天培认为此地险要，能控制广州水道，便对原炮台又进行了加固。

缴烟工作圆满结束，巡视炮台也一路顺利，林则徐对此次虎门之行感到非常欣慰。他感到，根绝烟害，指日可待。

一次杀人事件
——中国村民林维喜案

林维喜案，是1839年发生在清朝领土，由英军水兵闹事行凶引起的事件。

九龙半岛上有一个叫尖沙咀的小村庄，村民们捕鱼耕种，过着自给自足的生活，偶尔也做点小买卖。虎门销烟后不久，有一群英国水手来到此地，在一家饭馆大吃大喝后起身就想走，不肯付饭钱。店主向他们要钱，他们反而动起手来。在场的一个村民看不过英国人的蛮横，便出面与他们讲道理——这个人就是林维喜。

结果，林维喜被打成重伤，第二天便身亡了。当时的英国驻华商务监督义律赶到出事现场，为包庇凶手，指使凶手给死者家属1500银元，让家属隐瞒林维喜死因。后经清政府官员查办，真相大白。林则徐知道后，二话不说，坚决要求英国人交出杀人凶手，杀人须偿命。然而义律阳奉阴违，暗地里收买人心，企图掩盖真相，被林则徐识破之后又砌词狡辩，拒绝交出凶手，后来迫于林则徐的坚决态度，便找了几个印度水手做替罪羊，企图蒙混过关。林则徐震怒了，下令停止对英国人的柴米供应，并撤走为英国人工作的中国人。这项命令逼得英国人不得不离开尖沙咀，但英国人始终没有交出凶手。

1840年初，林则徐正式封锁港口。事情发展到这里，对立双方较劲的真正实质早已不是一个中国普通村民的生命，而是放弃还是维护自己国家的法律和尊严的问题：义律既要标榜大英帝国的文明和先进，又要违背国际公法原则索取治外法权，以逃避中国的法律；林钦差则既不肯放弃大清王朝的法律主权和天朝尊严，又不肯改变既定的法律规则和程序。

以文明为标榜的大英帝国终于露出了它的野蛮面目。1939年8月31日，应义律向驻印总督请求“援助”，“窝拉疑”号、“海阿新”号两艘英国军舰悍然驶向中国海域。当这两艘军舰从远方的地平线上露出身影时，义律手举望远镜，长长地吁出一口气，同时一丝狡黠的微笑浮现在他脸上。4天以后，义律向这两艘军舰下令：向中国水师开炮。

这当然还不是举世瞩目的第一次鸦片战争的炮声，但对整个中国而言，悲壮的1840年已经越来越逼近了。

英国向中国开战了
——鸦片战争爆发

林则徐的虎门销烟引起了英国政府的强烈不满，他们认为这样做损害了英国的利益。一些鸦片贩子打着为英国商人“讨还公道、赔偿

鸦片战争爆发

损失”的旗号，要求英国出兵。于是英国国会召开了会议，讨论是否用武力解决贸易问题。英国议会上，外交大臣帕麦斯顿提出出兵进攻中国的议案，议会以271票对262票的微弱多数优势通过了侵华战争议案。英国维多利亚女王最终同意对华宣战，任命好望角舰队总司令懿律为侵华英军总司令，义律兼任陆军司令。1840年6月，懿律率领东方远征军封锁珠江口，标志着第一次鸦片战争正式开始。

这场仗都是在哪里打的呢？就在我国东南沿海的4个省份——广东、福建、浙江和江苏，英国侵略者曾先后两次沿东南沿海海岸线一路北上。

整场战争可以被分成三个阶段。第一阶段，英军由广东沿海一路北上打到天津。因为那时清政府没有钱，所以道光皇帝不愿意打仗，他希望通过做出让步使这些英国人停止进攻。其实，道光皇帝根本不清楚英国人为什么发动战争，错误地以为他们发动战争只是因为林则徐销毁了他们的鸦片。所以，为了避免战争，他下令将禁烟功臣林则徐革职，认为这样英国人就满意了，就会答应撤兵。在将林则徐革职的同时，他又派琦善去天津同英国人谈判。琦善是妥协派官员代表，他向来认为中国人打不过英国人，所以一直主张对英国人妥协。在琦善的苦苦哀求下，英军从天津退回广东。在广东，这些英国强盗蛮横地提出，要求清政府将香港岛割让给他们，同时提出了许多侵略要求。事关重大，琦善不敢答应，英国人便马上动用武力，首先攻打的正是虎门。这就是第二阶段的开始。

1841年1月，英军攻占沙角炮台、大角炮台，发动了虎门之战。于是，道光皇帝对英国宣战，任命御前大臣奕山为靖逆大将军，从全国各地调集兵力到广东。但1841年5月底，英军完全控制了广州。英军再次沿东南沿海北上，进一步扩大了侵华战争。战役最为频繁的第三阶段开始了。

在这以后的几个月中，英军先后占领了福建省的厦门、泉州，浙江省沿海的定海、镇海、宁波等战略要地，最终按照预定的计划从江苏沿海直接打进了内河长江。为什么他们不北上去攻打京城呢？这是因为英国人早就知道当时连接北京和杭州的京杭大运河对于清政府来说是极其重要的。每年北京所需的大量粮食和其他物品，都是由这条运河从南方一些省份运送过去的，只要将运河截断，整个北京城就一定会陷入慌乱之中，而这条运河在江苏与长江交汇，所以他们直接打进了长江。截断运河后，英军一直沿江而上，直逼南京这个当时江南地区的政治文化中心。整场战争中，清军几乎没有打赢过一场战役。在见识到了侵略军的船坚炮利之后，上至道光皇帝，下到军队里的普通士兵，人人都开始惧怕英军。眼看英国人就要开始轰炸南京城，清政府彻底投降了。

【知识链接】

问：鸦片战争失败的主要原因是什么？

答：根本原因是清政府的封建制度腐朽落后，长期奉行限关锁国的政策。战争中，道光皇帝面对复杂的局面缺乏决断力和对策，在战与和的问题上举棋不定，用人不当，决策频频失误；各级官员贪污腐败盛行，官风败坏。而英国通过资产阶级革命和工业革命，在经济、政治、军事上都遥遥领先于中国，科学技术先进，工业实力强大，武器装备精良，军队训练有素，对战争准备相当充分，本身又是老牌的殖民帝国，富有侵略战争的经验。综上所述，清政府的失败是必然的。

扬威将军不扬威
——浙东反击战的溃败

在鸦片战争中，英军接连猛攻，清军节节败退，道光皇帝十分恼火。他派奕经为扬威大将军，赴浙江主持战事，期望他能收复定海三镇。奕经是道光皇帝的侄子、乾隆皇帝的重孙，很小就受家庭的影响，在书法和绘画方面表现出极强的天赋，是道光年间著名的书法家。可惜，这一次不是吟诗作画，而是领兵打仗，而这恰好是他的软肋。如果不是所有能用的将领都败下阵来，奕经绝对不可能成为扬威大将军。

奕经一贯养尊处优，从未见过炮火，根本不会带兵打仗。他到达苏州后，屯兵不前，整天沉溺于花天酒地之中。而为了邀功请赏，他又企图冒险以侥幸取胜，在没有认真准备的情况下，仓促制订了一个盲目的作战计划，从绍兴兵分三路，向宁波、定海、镇海进攻。英军早有准备，乘机反扑。结果，清军不但没有收复定海三镇，反而把慈溪也丢了。奕经仓皇逃到杭州，从此不敢再战。当时浙江传出这样一副对联："红鬼、白鬼、黑鬼，俱由内鬼；将军、制军、抚军，总是逃军。"这生动地描绘出了清政府官僚的丑恶嘴脸。

最高统治者道光皇帝本来对浙江反攻抱极大希望，结果胜利的梦想破灭了，热切的期望化为满腹的沮丧。他联想到此前厦门、定海虽筑有坚固防线却仍陷于英军之手，因此认定英军是无法战胜的。由于清政府统治阶层抵抗方针的根本动摇，已经宣告了鸦片战争将以清政府彻底失败而告终的结局。

【知识链接】

问：清政府前期的海防方针是什么？

答：清政府前期的海防对象是海盗和海上异己势力，长期推行“重防其出”的海防方针，严禁向海外移民和运输战略物资。与之相适应的海防体系是以陆基为主，即以海口露天炮台为主、近海小型战船为辅的水陆相维体系，海岸兵力分散布置。第一次鸦片战争后，这种星罗棋布的水陆相维的海防体系遭到严重挑战和破坏。

勇斗洋鬼子
——三元里人民抗英

鸦片战争开始以后，清政府实行投降主义路线，靖逆将军奕山率1.7万名绿营兵在广州作战，居然被英国军队打得七零八落、溃不成军。英军占领广州城郊重要据点四方炮台以后，奕山便在广州城头竖起白旗，并签订了可耻的《广州和约》，约定一周内交付英军赎城费600万银元，奕山率清军退驻广州城外30千米的地方。《广州和约》签订后，英军肆无忌惮，带着武器在附近农村横冲直撞。这些侵略者到处奸淫虏掠，杀人放火，抢粮食，宰牛羊，甚至盗掘坟墓，从棺材里抢陪葬品。面对英国侵略军的暴行，广大的中国人民并没有退缩，而是自发组织起来反抗，三元里人民的抗英斗争便是其中之一。

1841年5月的一天，村民韦绍光挑着一副空竹筐向村里走去。只见村上的小五子迎面飞奔而来，未等靠近，就气喘吁吁对他说：“韦大哥，你快回去吧，十几个‘番鬼佬’在河边欺负大嫂她们，现在正打

三元里人民抗英三星旗

着呢！”韦绍光一听，怒从心头起，扔下竹筐，抄起扁担，飞快地向村头河边跑去。韦绍光赶到河边时，河边已经乱成一团。韦绍光抡起扁担，上挥下扫，左砍右劈，英军应声倒地。几个英军见势不妙，丢下七八条同伴的尸体，如丧家之犬，仓皇而逃。

打死、打伤英军后，为了防止英军报复，在村北三元古庙前，全村的男女老幼聚集在一起，愤怒声讨英国侵略者的罪行。三元里的农民、渔民、丝织工人、打石工人以及一部分爱国绅士的代表，在三元里西北7里的牛栏岗举行会盟。当场决定：以三星旗为总指挥旗，以乡为作战单位，各拥大旗一面，推举领队一人，指挥作战；以鸣锣为号，一乡鸣锣，众乡皆出，15至50岁的男子一律参战。

三元里人民诱敌到牛栏岗，忽然螺号、战鼓齐响，埋伏在四周的七八千名武装农民突然出现，民兵漫山遍野猛冲出来，将敌人团团围住。武装群众立即包围并抓住有利时机冲上去与英军肉搏。此时恰好雷雨大作，武装群众个个精神抖擞，越战越勇。英军的火药被淋湿，枪炮无法使用，被打得东奔西窜，死伤几十名。武装群众歼灭英军200多人，并缴获大批武器。当晚，英军向四方炮台退去，三元里人民乘胜追击，广州附近几个县的群众也纷纷起来支援，并包围了四方炮台。侵略军没有办法，只能狼狈撤出广州，退回虎门。

三元里三星旗的竖起，揭开了中国人民反抗外来侵略的序幕，显示了中国人民不甘屈服、敢于同敌人进行斗争的伟大英雄气概。

【知识链接】

问：三元里人民抗英的历史意义是什么？

答：1841年5月发生的三元里抗英斗争是近代中国人民第一次大规模的反侵略斗争。它对英国侵略者施以沉重打击，极大地鼓舞了中国人民不畏强暴、敢于同西方列强拼搏的斗争勇气。它是近代中国人民反侵略斗争的第一面光辉旗帜。

耻辱的城下之盟
——签订《南京条约》

遭遇军事失利的清政府，以钦差大臣耆英、两江总督牛鉴、署乍浦副都统伊里布为代表，与英方交涉。中英和约谈判开始。1842年8月11日至29日的条约谈判，清政府代表在英方的军事压力下毫无反抗能力。英方不允许清方对其提出的条件做任何修改，屡屡以进攻南京相要挟。《南京条约》的中英文本完全是英方一手制定的。8月29日，耆英、伊里布与英国全权代表璞鼎查在停泊于南京江面上的英国“皋华丽”号战舰上签署了有13个条款的《南京条约》。

《南京条约》签署情景图

主要内容包括：

第一，宣布结束战争。两国关系由战争状态进入和平状态。

第二，五口通商。清政府开放广州、福州、厦门、宁波、上海为通商口岸，准许英国派驻领事，准许英商及其家属自由居住。

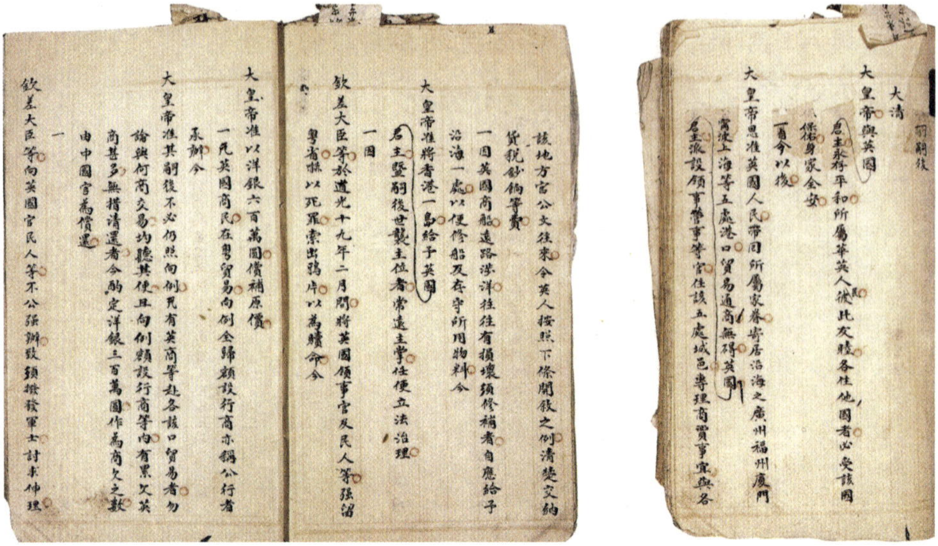

《南京条约》条款中，清政府将香港岛割让给英国。

第三，赔款。清政府向英国赔款2100万银元，其中600万银元用于赔偿被焚的鸦片，1200万银元用于赔偿英国军费，300万银元用于偿还商人的债务。其款分4年交纳清楚，倘未能按期交足，则酌定每年百元应加利息5元。

第四，割地。清政府将香港岛割让给英国。

第五，另订关税则例。清政府将以公平的原则颁布一部新的关税则例，以便英商按例交纳关税。

第六，废除公行制度，准许英商与华商自由贸易。

《南京条约》是近代西方资本主义国家强加在中国人民身上的第一个不平等条约。英国以武力侵略的方式迫使中国接受其侵略要求，这就使中国主权国家的独立地位遭到了破坏，强占香港，损害了中国领土的完整。通商口岸成为西方资本主义对中国进行殖民掠夺和不等价交换的中心。巨额赔偿加重了清政府的财政负担，同时转嫁到劳动人民的身上，使他们的生活更加艰苦。《南京条约》签订后，丧权辱国的口子一开便一发不可收拾，西方列强趁火打劫，美国、法国接踵而至，相继强迫清政府签订了一系列不平等条约。从此，中国由一个独立自主的国家，逐步沦为半殖民地半封建社会国家。

【知识链接】

问：香港是如何被割让的，又是如何回归的？

答：1842年8月29日，清政府与英国签订不平等的《南京条约》，割让香港岛给英国。1860年10月24日，中英签订不平等的《北京条约》，割让九龙半岛界限街以南地区给英国。1898年6月9日，英国强迫清政府签订《展拓香港界址专条》，租借九龙半岛界限街以北地区及附近岛屿，租期为99年（至1997年6月30日结束）。1984年12月19日，中英签署关于香港问题的联合声明，落实香港1997年之后实行“一国两制”。1997年7月1日，香港回归，成立中华人民共和国香港特别行政区。根据《中华人民共和国香港特别行政区基本法》，香港保留原有的经济、法律和社会制度，50年不变，实行“一国两制”，除防务和外交事务归中央政府管制外，香港特别行政区享有高度自治权。

【活动设计】

一起穿越

——历史情景短剧

我们充分发掘林则徐虎门销烟和鸦片战争中的那些历史故事，将静止的文物和史实转化为舞台艺术，经过精心整合和编排，穿越历史，表演了一出情景短剧。

《虎门销烟》剧本构思

第一幕：清政府内部关于鸦片弛禁与严禁的争论

人物：道光皇帝，严禁派代表人物林则徐，弛禁派代表人物太常寺少卿许乃济

情节概述：道光皇帝提出亟待解决的问题——鸦片祸害已久，误国误民深重，非一日能解决。弛禁派与严禁派就此展开争论。

（旁白）

对待外来的鸦片侵略和人民群众对禁烟的正义要求，清政府统治阶级内部逐渐形成了两种不同的态度。

林则徐：皇上，大清朝往日国力强盛，也曾叱咤风云，但如今国库空虚，军队将士个个精神恍惚，皇上可知其原因？

道光皇帝：林爱卿有话直说无妨。

林则徐：依臣所见，这全是由外国传入的鸦片所害。

道光皇帝：朕也深有体会，但多次禁烟没有什么效果，依你看该怎么办？

林则徐：那是禁烟不彻底的缘故，请皇上彻底查禁鸦片！

许乃济：皇上，禁烟已不止一次两次了，非但没有什么成效，反而使进入中国的鸦片愈来愈多。不如想想变通的办法。

道光皇帝：你有什么变通法？

许乃济：不如放弃禁烟，允许鸦片按药材进口纳税。

林则徐：这怎么行！这不等于让中国的白银继续流失，让将士的体质继续衰弱吗？

许乃济：林大人别急，我还没说完呢。

道光皇帝：许爱卿接着讲。

许乃济：规定只准以货物交换鸦片，不得用白银购买；民间可以自主贩卖鸦片，但禁止官员、士兵吸食。

林则徐：皇上，绝不能这样啊！如果百姓都因吸食鸦片而变得体弱多病，甚至死亡，试想，一个国家只有官而没有民会怎么样？

国库将不得扩充，军队将不能扩编。

道光皇帝：林爱卿言之有理，那又该如何解决鸦片问题呢？

林则徐：严禁鸦片进口，对贩卖鸦片的人进行严惩，对已进入中国的鸦片进行销毁。

道光皇帝：那么多已经吸食了鸦片的人该怎么办？

林则徐：可广泛传播戒烟药方，限期一年戒绝，对于过期仍然吸食鸦片的人，平民处以死刑，官吏加倍惩治且子孙不准考取功名。

许乃济：这未免太严厉了吧？

林则徐：若不如此，数十年后，中国将没有上阵杀敌的士兵，没有扩充国库的税银。

道光皇帝：好。朕就任你为钦差大臣，前去广州查禁鸦片。

林则徐：臣遵旨。若鸦片一日未绝，本大臣一日不回，誓与此事相始终，断无终止之理。

第二幕：林则徐禁烟

人物：林则徐、英国驻华商务监督义律、民众、官兵等

（旁白）

1839 年 1 月 8 日，林则徐离开京城，迎风浴雪，加紧南行，于 3 月 10 日到达广州。在这之前的 2 月底，绰号“铁头老鼠”的英国大鸦片贩子查顿预感风声紧张，慌忙搭船逃回伦敦，策动战争。义律见林则徐来禁烟，就打算贿赂林则徐，阻止他禁烟。一日，义律来到林则徐的住处……

义律：久闻林大人大名，特来拜会，今日一见，果然气度不凡。

林则徐：有话快说，不必废话。

义律：既然林大人这么说，我就直说了。我们是做生意的，能不能成功全靠林大人照顾。这一点儿心意（递上一箱金条），请您笑纳。

林则徐：这么贵重的礼请您收回。至于照顾你们，只要你们遵守中国法律，不贩卖鸦片，我自然不会干扰你们的贸易，否则严惩不赦！

义律：你们许多官员都拿了我们的好处，替我们办事。你就不能像他们一样睁一只眼闭一只眼……

林则徐：我们自己的官员犯法，本大臣自会秉公查处，绝不会漏掉一个，你们干的坏事，我也会严厉查处。你们所贩的鸦片，最好赶快上缴，否则将受处罚。

义律：你们中国有句古话叫“敬酒不吃吃罚酒”。林大人是聪明人，可别做傻事。莫非林大人是想打仗不成？

林则徐：我林则徐是奉命来禁烟的，而不是来收贿的。我林某并非贪图富贵之人，要是英国以武力相威胁，林某就算拼了老命也要保卫国家。

义律：走着瞧！（义律气愤而走）

林则徐：不送。

（旁白）

1839 年 6 月 3 日，林则徐将缴获的鸦片编号登记，在虎门准备销毁。一些外国商人、传教士也前来观看。一切准备就绪，就等着林则徐下令。

林则徐：开始销烟。

（随着一声令下，几百名壮汉将鸦片和生石灰投入事先挖好的坑中销毁。围观的中国人纷纷喊道：“林大人英明！林大人英明！”）

第三幕：以旁白结束

（旁白）

鸦片直到25日才全部销完，总合1100多吨。虎门销烟是清朝禁烟运动中最为辉煌的壮举，是清朝抵制外国侵略的“顶点”。它沉重地打击了英国殖民者的嚣张气焰，弘扬了中华民族的浩然正气。

但虎门销烟并没有击退英国侵略者。1840年6月，英国舰队驶进广东海面，封锁珠江口，向清政府进行挑衅，鸦片战争爆发。1842年8月，英国军舰驶抵南京下关江面，列队架炮，扬言攻城。清政府屈服求和，鸦片战争宣告结束，中英两国代表在南京议和。英国侵略者强迫清政府签订了中国近代史上第一个不平等条约——《南京条约》。

第三章 走进文物故事

历史不仅是记载在史册上的一段段文字，也是可凭借文物述说的一个个故事。文物历经沧桑，几经浩劫，留传至今，弥足珍贵，是我们民族兴衰荣辱的实物见证，既记载了我们祖先的光荣与梦想，也烙印着我们民族的屈辱与迷茫。让我们掀开罩在文物上的神秘面纱，与文物一起重温发生在它们身上的悲欢离合故事……

竟然不是用火烧
——林则徐销烟池旧址

在鸦片战争博物馆的门楼旁边，有两个貌似普通却非同寻常的大池，这就是震惊中外的林则徐销烟池旧址。每天，国内外的游客从四面八方慕名而来，他们在销烟池前静静地伫立，当看到林则徐销毁鸦

20 世纪 70 年代的林则徐销烟池及周边环境风貌

2001 年修复后的林则徐销烟池旧址及周边环境

片方法的介绍后，无不发出了这样的感叹：竟然不是用火烧的啊！

林则徐虎门销烟声名远播，人人都敬佩这位胆识过人的民族英雄。当年，林则徐在虎门收缴了英、美两国的鸦片高达2376254斤，这么多鸦片该如何处理呢？林则徐广泛征求各方面的意见，发现用火焚烧并不彻底，因为焚烧后鸦片的剩余成分渗透到泥土里，仍可提炼出两到三成的鸦片。经过多方查证，林则徐了解到，鸦片最怕两种东西：一是盐卤，二是石灰。最后，林则徐从印度开池制造鸦片的工艺流程中得到启示，悟出“开池化烟”的方法，用水池代替铁锅，以盐加生石灰浸化鸦片！

1839年5月，林则徐命人在虎门镇口的海滩边高处修造了两个各长50米、宽26米、深2米的销烟池。池底用石板铺平，四周围上栅栏；池前设有涵洞，浸化后的鸦片渣可以通过涵洞排入大海；池后设有水渠，可引水冲刷水池。

1839年5月30日，林则徐在虎门发布告示：“钦差大臣林则徐，遵皇上御旨，于6月3日在虎门海滩将收缴的洋人鸦片当众销毁，沿海居民和在广州的外国人，可前往观瞻……”

1839年6月3日，林则徐祭奠海神。他在祭奠海神时说：“为了使普天下百姓更好地活着，从今天开始进行鸦片销毁工作，许多毒物将流入我们赖以生存的大海。考虑到泱泱大海可以溶解一切，我们也只能如此。请海内水族抓紧迁移，以避免遭受毒害，更不要殃及后代！”

这一天，虎门镇口的海滩上空天气晴朗，当地居民从四面八方赶来，站在销烟池栅栏之外现场参观。下午2点多钟，销烟正式开始，只听一声令下，站在销烟池两旁的兵丁立刻忙碌起来。

只见一群民工首先由水渠引水进池，然后将盐撒入池中，酿成盐卤水，并将一箱箱鸦片搬运到销烟池边，开箱过秤，逐个切成4小瓣，捣碎，抛入池水中浸泡半天。等烟土泡透后，再把一担担生石灰倒进池子里。不一会儿，池子像开了锅似的，黑色的鸦片在池子里翻来滚去，一团团白色烟雾从池子里往上蒸腾，弥漫了整个虎门滩。民工们站在池子上方架起的木板上，手拿铁锄和木耙反复搅拌，使鸦片完全销溶。等海水退潮之时，兵丁们打开池子前方的涵洞，让所有的残渣废水都随潮水流入大海，之后用清水冲刷池底。为了防止未销化的鸦片流入海中，兵丁们还在涵洞口装上了大眼渔网，真可谓点滴不留。就这样，两池轮番使用，鸦片销毁工作直到6月25日才宣告结束，历时20余天，共销毁鸦片2376254斤。

目睹这毒害国人数百年的鸦片被化为废水和云烟，围观的群众欢呼雀跃，他们的内心深处有着说不出的激动和感慨！在场的许多外国人士看到这惊天动地的场面，也都震惊了！

如今的销烟池，经1972年考古发掘复原，于1982年被国务院公布为全国重点文物保护单位，已成为不朽的历史丰碑，像一本立体的教科书时刻教育和警醒着我们。

【知识链接】

问：为什么要用生石灰来销毁鸦片呢？

答：鸦片是黑色物质，含有20多种成分，吗啡和罂粟碱是其中最具“毒性”的两种主要成分，其分子式分别为$C_{17}H_{19}NO_3$、$C_{20}H_{21}NO_4$。一般来说，这些成分很难在自然风化条件下解体。但这些物质成分也有弱点，就是其中的N原子容易在溶液中带电，并和其他原子结合。因此，把它们浸泡在盐卤池中后，盐溶液中的正负离子就可以和N原子结合，从而破坏这些成分分子间的结合力，使它们被解离。如果在盐卤池中再投入生石灰，则使那些主要成分的分解力加大，原因是生石灰水解后会生成一种强碱$Ca(OH)_2$，并释放出大量的热量，其热量可以蒸熟鸡蛋。在这样的高温作用下，盐卤池中全部$Ca(OH)_a$的碱性就会进一步得到增强，鸦片中的有机物分子结构就会被彻底破坏。也就是说，较强的碱性和热量是鸦片在池中被销毁的主要原因。

炮台的诉说
——威远岛诸炮台旧址

“珠江口，南海滨，海纳百川傲风云，故垒千秋威犹壮。”由珠江入海口最外端东岸沿江往里行3.5千米，有座美丽的小岛，称为阿娘鞋岛（今称威远岛），岛上分布着近代虎门最密集的防御工事——威远岛诸炮台。岛之临江最险处为“爪”字形南山，威远岛诸炮台就建在“爪”上，左为蛇头湾炮台，中为镇远炮台，右为威远炮台，镇远炮台与威远炮台中间为靖远炮台，而定洋炮台则建在岛东南端的鹅山上。它们是鸦片战争的战场，也是目前我国沿海地区保存最完整、最有规模的清朝炮台之一。这些炮台依地势环山而建，从不同的角度守卫着珠江口，仿佛尽忠职守的将士在此日夜眺望。炮台从始建至今近300年，经历了战争的洗礼、岁月的磨蚀，仍然保持着昔日的风采。

从海面上眺望威远炮台

威远炮台位于威远岛南山左脉山腰，是在南山炮台基础上扩建而成的，属于虎门炮台第二重火力防御体系。南山炮台系1717年修建，台周长为52丈5尺（1丈等于10尺，约为3.33米），台上有炮位12个，可安放大、小生铁炮12门。炮洞为石砌，台面垛口均为砖砌。为加强海防力量，1835年，邓廷桢、关天培奏准于原台前海滩上加筑三合土月台1座，面宽60丈，炮位增至40个，始称威远月台，后称威远炮台。威远炮台在1841年2月26日英军进攻虎门时被破坏，1843年修复，1856年又被英军破坏，1882年再次修复。现对游客开放的威远炮台是第二次鸦片战争后重修的炮台，有26个土炮位和3个洋炮位，既保留了鸦片战争时期的原貌，又具有洋务运动时期的炮台风格。1883年，清政府在威远炮台左前方弯出位置修建了一大两小3个露天炮位，在明暗炮位之间用一堵墙连结，墙上设有若干火枪眼，可用于短距离射击，这些枪眼高低错列，可伏射、跪射和站射。作战时，若敌军上岛，士兵可以据此抵抗。

威远炮台巷道

1997年维修后的镇远炮台火药局

1997年维修后的镇远炮台清兵营房

镇远炮台位于威远炮台之西北，属于虎门炮台第二重防御体系。镇远炮台建于1815年，台周长为120丈，台上有炮位40个，可安放大、小生铁炮40门，台上有神堂3间、官房3间、兵房20间、火药局2间，炮洞垛口先是用石砌，关天培任水师提督后改为三合土筑，是鸦片战争时期虎门的得力炮台之一。1841年2月26日，虎门之战后，镇远炮台被英军破坏，1843年修复，1856年又被英军破坏，1881年再修复。整座炮台依着山势，雄伟壮观，由7个圆形或半圆形的露天炮位组成，炮位保存完整，后山塌陷的营房与暗道、暗室于1997年10月修复。

1997年维修后的靖远炮台露天炮位

南山顶营克虏伯大炮

靖远炮台位于镇远炮台与威远炮台之间，是鸦片战争时期虎门炮台中规模最大的一座炮台，被称为“帅台”。1839年由邓廷桢、关天培奏准筹建，为虎门炮台第二重防御体系。靖远炮台设炮洞60个，可安放大、小铁炮60门，台后有石砌围墙一道，自山麓直达山顶，炮台官厅共有5间，皆由青砖砌筑。靖远炮台高深坚固，与威远炮台、镇远炮台一气相连，是珠江咽喉的“锁喉骨”。1841年2月26日，虎门之海战打响，广东水师提督关天培坐镇靖远炮台指挥作战，最后血染战袍，以身殉国。炮台陷落，被英军大肆破坏。1843年修复，1856年又被英军破坏，1881年再次修复。由于诸多原因，鸦片战争时期的炮台仅存台基，露天炮位、后围墙、暗室、暗道及兵房遗址都是1881年修复的。1997年，政府对靖远炮台露天炮位、暗道等进行了较大规模的维修。

南山炮台位于南山山顶，呈方形，全长322米，宽30米，四周建有三合土围墙。炮台围墙布满枪眼，中间设有兵房。南山炮台右下10米处设练兵场一处，周边由石块垒砌而成，面积为300平方米。现存的南山炮台围墙多处崩塌，兵房已毁，有一门德国克虏伯大炮炮身及炮座散落其中。

蛇头湾炮台位于镇远炮台北边，第一次鸦片战争爆发时，并无史料记载蛇头湾山建有炮台。因蛇头湾山处于前可俯视珠江主航道、后可兼顾武山沙水道的位置，1843年，清政府在修复威远、镇远、靖远炮台时注意到此处地理位置的重要性，遂在蛇头湾山的山腰修筑蛇头湾炮台。1856年蛇头湾炮台被英军破坏，于1883年修复。蛇头湾炮台由两个露天炮台组成，一左一右，整座炮台有围墙环护，墙厚达1.2米，内有暗道、暗室、营房、开阔的操兵场。蛇头湾炮台的建立使东岸防御能力如虎添翼，再加上横档炮台，构成“品”字形防护，所辖水域是出入广州的咽喉。

蛇头湾炮台圆形露天炮位

蛇头湾炮台半圆形露天炮位

1881年春，清政府在威远岛东南端的鹅山上再建一座炮台，名为定洋炮台，又称鹅夷炮台，与第一道防线的沙角炮台遥相对应，扼守从三门口进入太平河道之要冲。定洋炮台设有3个炮位，2个主炮位共通一个暗道，暗道内有3间暗房，为贮弹室。

定洋炮台露天炮位

威远岛诸炮台是近代中国人民抵抗西方列强入侵，捍卫国家尊严的战场旧址，具有十分重要的历史价值、文物价值、军事研究价值和社会教育价值。昔日的

"海上长城"，这处在世界上不可多得的古代海防设施遗存，不再是硝烟弥漫的战场，而是一个平静的、风景如画的全国爱国主义教育基地、国防教育基地。每到节假日，这里游人如织，海风习习，涛声依旧。游人们在听这海浪声的同时，也在倾听着这静静的炮台的诉说！

【知识链接】

问： 中国古代四大炮台，除了虎门威远岛诸炮台外，你知道还有哪些吗？

答： 大沽炮台：大沽口炮台是入京咽喉，津门之屏障。明朝嘉靖年间，为了抵御倭寇，加强大沽口海防战备，开始构筑堡垒，正式驻军设防。1816年，清政府在大沽口南北两岸各建一座圆形炮台。大沽口自古以来就是海防重镇，素有"南有虎门，北有大沽"之说。在中国近代史上，大沽炮台作为我国重要的海防屏障发挥了重要的作用。

吴淞炮台：吴淞口地形险要，为东南国防门户。清朝筑有东、西、南、北和狮子林5座炮台。1660年，江南总督郎廷佐奉命在黄埔江西岸的吴淞杨家嘴口修筑炮台。1718年又在杨家嘴对岸修筑炮台，两座炮台夹江对峙，东岸的炮台称东炮台，西岸的老炮台改称西炮台。

秀英炮台：秀英炮台由清朝两广总督张之洞下令于1887年在海口秀英村海域要地修建。秀英炮台建在离海岸约200米的小山丘上，面向大海，居高临下，遥控着整个琼州海峡。有大、小炮台5座，5尊大炮均购自德国克虏伯炮厂，拱北、镇东、定西为三大炮台，振武、振威为两小炮台。

节兵义士浩气永存

——节兵义坟

节兵义坟位于虎门沙角炮台西北侧的白草山麓，是鸦片战争时期沙角之战中为国捐躯的清军合葬墓。1982年，节兵义坟与沙角炮台被定为全国重点文物保护单位。如今的沙角炮台游客如织，大家来到这里都默默伫立，静静凭吊，感受它的庄严和肃穆。

1841年1月7日，英国侵略者向虎门海口第一道防线大角炮台和沙角炮台发起猛烈的进攻，三江协副将陈连升带领守军共600余人，沉着应战。英军集中优势兵力主攻沙角炮台，用3艘主力战舰在沙角炮台正面进攻，牵制炮台火力。数艘武装轮船在2艘英舰的掩护下，运送英国士兵自穿鼻洋抢滩登陆，占领穿鼻洋海岸的制高点，以致沙角炮台处于腹背受敌的困境。激战中，陈连升及儿子陈举鹏、大部分守台将士以身殉国，沙角炮台终陷敌手。

战后，当地百姓和幸存的士兵怀着沉重的心情在这硝烟未散的战

节兵义坟碑

节兵义坟

场上寻找死难者的遗体，带回家乡安葬，同时将外地籍或无家属认领的75名烈士遗体集中起来，就地安葬，让这些远离家乡的忠魂能够有个归宿。1842年，当地百姓对爱国烈士念念不忘，按南方传统习俗，将这75具尸骸分别挖出合葬于白草山，并立花岗石碑以示纪念。

岁月流逝，硝烟散去，节兵义坟渐渐淹没在历史的泥沙之中。直到1958年，沙角海军联队的几名战士在开山挖土时，发现了装有骸骨的瓷坛和墓碑。1963年，文物主管部门前来考查，证实了节兵义坟的身份，并于1964年重修此墓。

墓碑上的“节兵义坟”为繁体字，歪斜且有两个“错别字”。“节”字右下方的“耳”为硬体，却写成软体。另外，繁体“义”字中的“我”少了一点。这是无心之错，还是字里有春秋呢？其实，这两个字写成这样，是对当时清政府腐败无能的讽刺。软耳者，朝廷也，昏君也。繁体“义”字中的“我”少一点，是说清政府统治者缺乏正义之气。这虽是民间的说法，听起来却十分有趣，细细琢磨，别有一番滋味。

如今，节兵义坟不再衰草凄凄，而是环境宁静，肃穆整洁，成为广大观众接受爱国主义教育的好场所。高洁的青松，翠绿的松柏，伴着烈士的英灵，回应着英雄的呐喊，沙角炮台的死难烈士可以安息了，节兵义坟将永远散发着生命的激情。

忠勇节义的清军合葬冢
——义勇之冢

义勇之冢是鸦片战争时期虎门保卫战中忠勇节义的清朝官兵合葬冢，位于牛背脊山山腰，紧临林则徐销烟池旧址。

义勇之冢有何来历？这还需从义勇殉国井说起。在虎门上横档

义勇之冢

岛的中部有一口又大又深的水井，直径为2.5米，深4.6米，被人称为“义勇殉国井”，它又是因何而得名的呢？

第一次鸦片战争爆发的时候，英国侵略者大举进攻虎门第二道防线。1841年2月25日，英军占领没有设防的下横档岛，并以此为据点进攻上横档岛与威远岛诸炮台。上横档岛为中流砥柱，处于虎门水道中心，是扼守进入广州的水路咽喉，地理位置十分险要。守将刘庆达在战前就发布告示，号召官兵齐心抗敌。26日中午11时，英军发起猛攻，以军舰7艘载炮240门，围攻面积不满0.05平方千米的上横档岛。英军用其中的3艘军舰发炮，做牵制火力进攻，以4艘行动快、吃水浅的中型军舰为先遣队，在虎门西水路，乘涨潮水深，由东南向西北驶到上横档的右后方，形成半圆的包围圈，疯狂地轰击上横档岛。上横档岛炮台守军面对敌军来自3个方向的进犯，沉着应战，英勇还击，鏖战到中午12点多，陷入弹尽粮绝的境地。英军乘机在上横档岛西北部滩头登陆，守岛的爱国官兵在副将达里保的率领下，用刀、矛和少量的火药枪和英军展开力量悬殊的肉搏战。大刀、长矛是落后的冷武器，抵不住先进的火药枪，守军伤亡惨重，大部分官兵战死。有10余名勇士虽身负重伤，仍顽强抵抗，面对渐渐逼近的敌人，宁死不屈，誓死不做敌人的俘虏，最后竟愤然集体投井，壮烈牺牲，表现出凛然不可侵犯的民族气节。

1885年，清政府重修横档炮台，在清理水井时发现了殉国义士的白骨，就把这口井称为“义勇殉国井”，后来将这些忠勇之士的骸骨迁移至横档岛山边筑坟安葬，题为“义勇之冢”。

新中国成立后，文物工作者发现此墓，经文物主管部门批准，于1974年将此墓从荒无人烟的横档岛迁至虎门镇口牛背脊山山腰。墓葬占地30～40平方米，墓室上面刻有“英灵钟吉地，佳水绕明堂”的对联。

岁月流逝，硝烟散去，义勇之冢已成为广大群众接受爱国主义教育的重要场所。横档岛死难的烈士得以安息，远离家乡的忠魂得以归依，而爱国将士们崇高的品格，将成为我们永远敬仰的一座精神丰碑。

一个关于战马气节的故事
——虎门节马碑

在虎门沙角炮台风景区内，抗英守将陈连升的雕像旁，立有一匹健壮的战马雕塑，它就是有名的“节马”。

战马成“节马”，这里有着什么样的故事呢？

它是驻守沙角炮台三江协副将陈连升的一匹战马。战场之上，马就是战友，它跟随陈连升久经沙场，被陈连升视为珍宝。

1841年1月7日清晨，英国侵略军出动了10余艘炮舰、近2000人兵分两路，突然偷袭大角炮台和沙角炮台。面对敌军炮舰的猛烈轰击，守卫炮台的官兵奋死抵抗。不久，大角炮台失守，部分官兵退至沙角炮台。此时，兵分两路的英军合力向沙角炮台发起猛攻，沙角炮台守将陈连升孤立无援，腹背受敌，仍镇静地指挥600多名官兵浴血奋战，多次打退了敌人的进攻。可是，最终因寡不敌众，武器陈旧，弹尽无援，陈连升与绝大部分官兵壮烈牺牲。

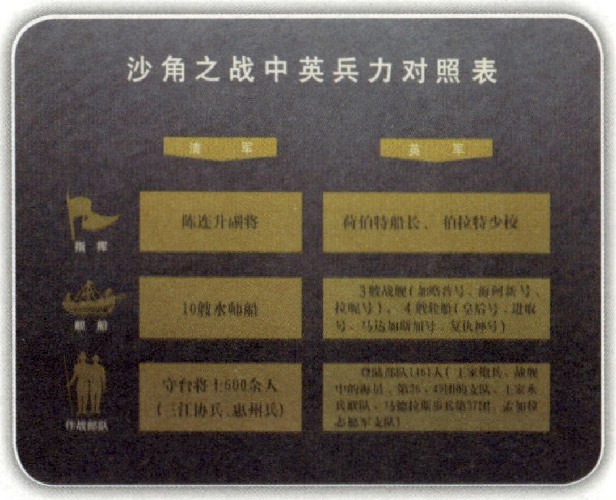

沙角之战中英兵力对照表

陈连升牺牲后，他的战马一直在他身边徘徊，对其恋恋不舍。英国侵略者为了炫耀战功，将这匹战马掳至香港。这匹马曾随陈连升将军驰骋疆场多年，训练有素。大自然赋予它健美高大的外表，而陈将军又带给它一身铮铮傲骨，一颗拳拳忠心。因此，英军喂它草料，它不吃；走近它，它就扬蹄踢击；骑它，它就嘶叫，非把骑它的英兵甩下去不可。英兵恼羞成怒，用鞭打它，用刀砍它，战马受伤流血，也绝不低头屈服。英军用尽“刚柔”之法，也无法驯服战马，只好把它放到香港山上。它立于山上，也不吃草，每天朝着虎门沙角炮台方向悲鸣嘶叫。战马的嘶叫声惊动了香港的老百姓，很多人都来围观，对其深表同情，怜爱地拿东西喂它。可是，一定要把东西捧起来，它才吃，如果放在地上，它就昂首而去。每当围观的香港百姓指着它说是陈连升的战马，并赞颂陈连升及其他爱国官兵为保卫祖国而壮烈牺牲的事迹的时候，它便涔涔泪下。如果有人招呼它，说能把它带回虎门沙角，战马则摇尾相随。但是，英国侵略者一直不肯放走它。这匹战马日夜思念主人，渐渐骨瘦如柴，最终于1842年5月在香港绝食而死，成为一匹流芳百世的“节马”。

沙角炮台上的陈连升将军战马铜像

节马碑

战马的气节如忠义之士一样高洁，所以它被誉为“节马”。后人为了纪念它，特修立了节马碑。节马碑长1.5米，宽0.4米，是1862年11月由当时驻守虎门的调署水师提标中军参将郑耀祥、右营游击赖建猷请人绘其形，附以文，并刻于石碑之上。

节马碑由节马图和节马行两部分构成。节马图画工精致，画中的马昂首提蹄，侧目疾视，肋骨突起。节马行是节马碑的碑记，分三部分：第一部分是序言，记述了节马被掳后的情形；第二部分是正文，用七言诗赞颂了节马“贞操耻食夷人粟”“如斯节烈前古无”的气节；第三部分是结语，抨击了汉奸奴颜媚骨的行径还不如一匹马。

2004年，东莞市被评为“CCTV2004年度中国十大魅力城市”之一，节马碑因为代表了民族气节和爱国精神，成为东莞市的城市瑰宝。

关天培喊你来上学
——《创立虎门义学记》石碑

为什么关天培这么积极办学？这要从关天培到任虎门之后说起。

1834年，关天培就任广东水师提督之后进驻虎门，积极加强虎门的防务建设。虎门是广东的军事重镇，清政府进驻虎门的兵力远远比粤东、澳门这些地方多，所以家属子弟也较多。而虎门一向只重视武备，历来都没有设立过学堂，加上距离东莞县城又比较远，所以水师官兵的子弟们根本无法上学。大多数的子弟贪玩无知，言行颇为粗鲁。

关天培虽然是行伍出身，但他意识到行军打仗靠的不是蛮力，而是智谋和学识。所以，到了虎门之后，当看到军中的子弟们整日无所事事、游手好闲，他不免有几分担忧，这让他意识到对这些军中子弟进行启蒙开化的必要性。

为了避免军中子弟白白浪费时间，关天培决定创办私塾学堂。然而，这个时候，朝廷已经朝纲不振，财政空虚，军费开支非常紧缺，没有多余的银两来开设私塾了。关天培断然决定自己来捐资办学，他首先带头捐献了自己的饷银，并鼓励其他的将领们出资捐助，同时发动了虎门地区一些大户人家捐银赞助，这样很快就筹集到所需的资金。他又组织修整了作为义学的学堂，紧接着就发布告示，要求驻守虎门的军队子弟全部入学。

1835年春，义学学堂正式聘请教师上课。这间学堂虽然是捐资所办，但也是具有一定规模的，按照年龄的大小、不同层次，分设5个班次，秩序井然。

学堂的开办，使得虎门军营"闻诵读之朗朗，入其室，且见举动之彬彬……变化气质，非复昔日之顽皮子弟"。由此不难看出，虎门义学创办后，军中子弟发生了巨大的变化。

关天培非常关心学堂的办学情况，时常从繁忙的军务中抽空关照，时时督促，没有一点儿松懈。他也一直希望后人将这间学堂继续办下去，所以亲自撰文，请人刻于石碑之上以志之。关天培说："予于诸弟子有厚望焉，恐日久而义学废也，爰勒石志之，以告后之君子！"

关天培在虎门期间，义学办得有声有色，6年里从来都没有间停过。但可惜的是，1841年2月，英军攻陷虎门，关天培忠勇殉国后，虎门义学就逐渐被废

《创立虎门义学记》石碑

除，以后再也没有兴办了。随着义学的荒废，学堂的毁坏，《创立虎门义学记》石碑也随之失踪，直至1963年才在虎门寨关忠节祠遗址被发现。

【知识链接】

问：广东水师提督是什么官？

答：提督为武职官名，全称为提督军务总兵官，负责统辖一省陆路或水路官兵。提督通常为清朝各省绿营最高主管官，称得上封疆大吏。若以职能分，提督分为陆路提督与水师提督，掌管区域达一至两省，覆盖范围至数万平方千米，甚至数十万平方千米。清朝共在中国各地设置12名陆路提督、3名水师提督（福建水师提督、广东水师提督及长江水师提督）。而现代，中国海军也分北海舰队、东海舰队和南海舰队。南海舰队主管广东、福建、海南一带海区。清朝的水师提督就相当于这三个舰队的司令，而舰队司令是中将军衔。

一份特别的生日礼物

——《延龄瑞菊图》

这份特别的生日礼物是关天培将军送给母亲大人的贺寿之礼。

关天培和母亲有着深厚的感情，幼年时受到母亲良好的启蒙教育。关天培喜欢练武，又崇尚正义，经常帮助弱小，深受乡亲们的喜爱。但由于小时候家里贫穷，他未能进一步读书，只好考入军营。1803年，关天培考取了武庠生（即武秀才）。在赴任漕督右营把总的前一天，母亲特意把他叫到跟前，给他讲了宋朝“岳母刺字”的故事。母亲教导关天培要像岳飞一样，无论在什么情况下，始终要以国家为重，精忠报国。

1834年秋，关天培升任广东水师提督，镇守祖国的南大门。这时，老太太年近八旬，受不了长途跋涉之苦，又不愿拖累关天培，坚决要回淮安老家。她嘱咐关天培说：“移忠作孝，不必分心以母为念。”于是，关天培只好让夫人杨氏等人侍奉老太太回淮安，自己“只身赴粤莅任”。

1838年，阴历8月26日是关老太太的80寿辰。可这个时候正是广东洋面防务最紧张的时刻，关天培正加强虎门炮台的防御工事，整顿海防，操练水师。虽然心怀母亲，但在这关键时刻，关天培既不能告老还乡侍奉慈母，又不能奏请假日回淮安为老母祝寿。这可怎么办呢？

站在虎门衙署内正为此事徘徊思量的关天培，抬起头来看到了身旁盛开的菊花。这菊花盛开得争奇斗艳，五颜六色，花团锦簇。他走近观看，花香扑鼻而来，心中便有了两全之策。关天培特请友人广东著名画家何翀绘了一幅《延龄瑞菊图》，图上有当年母亲勉励关天培的“移忠作孝，不必分心以母为念”的关天培题字，还有林则徐、邓

《延龄瑞菊图》

廷桢的题诗。诗中称赞关天培“筹海宦劳，不遑将母”，以及“功高靖海长城倚，傲霜花艳岭南枝”的爱国情怀。关天培派遣兵丁将画送到淮安府山阳城家中，以画寄相思，遥祝母亲寿辰！

自古忠孝两难全，关天培把一片孝心全用在了保卫祖国海疆的国事上，也时刻谨记母亲对他的教导，做到“公务无分巨细，事事尽心，以遵慈训，报慰母怀”。对国家的尽忠就是对母亲的尽孝，这份生日礼物关天培虽然不能亲自送到老母亲的手中，但他的拳拳赤子心已让远在淮安的老母亲心领神会，也因此造就了一段佳话！

【知识链接】

问：你对关天培有更多的了解吗？

答：关天培，江苏省淮安市人，行伍出身，由于年壮技优，通晓营伍，从普通士兵逐级提升，1834年升任广东水师提督。关天培一生治事治学，律人律己，在其就任广东水师提督的6年间，完善了虎门防御体系，并根据自己筹建海防的实践经验，编写了一部具有军事和历史研究价值的著作《筹海初集》。林则徐到广东查禁鸦片，关天培积极协助，是禁烟运动的坚决支持者。共同的志向与共同挽救国家危亡的抱负，使关天培成为林则徐的挚友。

村民发明的抗英武器
——火药埕

1840年，英国侵略者打开了中国的大门，而满清皇帝还以天朝上国自居，对外面的世界全然不知。当时的虎门百姓面对英军的先进武器，只能举着落后的火药埕同敌人战斗。

火药埕的外形类似当时民间的盛酒罐，肚大，两头窄，高35.8厘米，口径为9.7厘米，底径为11.7厘米，腹径为30.6厘米，重4778克，上面标有“佛山药局”字样，证明为官造，另一面又标有“净二十五斤”字样。

火药埕

火药埕，顾名思义，是用来装火药的。当年，虎门各炮台内部都设有火药局，也就是弹药库。整个虎门炮台的火药储存量十分巨大，而广东天气潮湿，用硝石、硫磺、碳粉配制而成的火药容易吸水受潮，失去作用。为了保证火药的质量，就改变原来用粗布袋储存火药的办法，用防潮性能良好的陶制器皿来装火药。将火药密封其中，可以存放长久，且药性不变。但火药埕口径小，取火药时非常不方便，所以很快被淘汰，守炮台的清兵都不愿意使用这种火药埕。

然而，虎门老百姓却将这些军队不用的火药埕收集起来，自制成武器，用这种落后的武器同敌人战斗，多次炸毁英国侵略者的军舰。

1841年2月26日，英军集中兵力攻打虎门。广东水师提督关天培率领广大爱国将士在炮台正面迎击敌人，但终未能扭转战局，虎门在几小时之内就陷入侵略者的手中。

虎门人民为了生存，纷纷挺身而出，扛起这落后的火药埕，决心与敌人决一死战！镇口村民万弘毅、万鸿举决定用抽“生死签”的方法选出100人组成决死队，抽到“生签”的留下，抽到“死签”的去炸敌人的军舰，结果竟有130人都抽到了“死签”，原来有30个村民为了能参加决死队，竟偷偷地将“生签”改换成“死签”。哥哥万弘毅和弟弟万鸿举都想参加决死队，可又担心无人照顾年迈体弱的老母亲。哥哥厉声让弟弟留下，弟弟哭诉着求哥哥留下照顾母亲，兄弟两人哭成一团。母亲看到两个儿子争相去杀敌，感到非常欣慰。但让谁去赴死，母亲都于心不忍，为了抗英保家，免去孩子们的牵挂，老人毅然决定舍弃自己的生命，让两个孩子了无牵挂地去杀敌，竟吞金身亡。临终前，她用虚弱的声音鼓励孩子们说：“儿啊，没有国哪有家！”

当日，兄弟两人安葬好母亲，率领决死队队员们趁天黑将数百个装满火药的火药埕放在木筏上，将埕口封严，只留一个小孔，导入火药引线。当木筏慢慢靠近敌船时，点燃引线，顺水流放，而此时的英军正在海面舰船上酣睡。突然几声巨响，火药埕炸毁敌舰，致使英军死伤数人，一时间血肉横飞。

此外，智勇双全的虎门人民还采用各种妙计给英国侵略者以狠狠地打击。

正如中国一位伟大的政治家所说：“战争胜负的决定因素，不是武器，而是人民。”

【知识链接】

问： 火药是怎样发明的？

答： 在我国西汉时期，汉武帝很想长命百岁。一天，他召集所有文武大臣，让他们给自己想办法。一个叫李少君的方士向皇上叩头，建议道：“陛下如果吃了炼成的仙丹，就一定能够长生不老，赛过神仙。”汉武帝一听，十分高兴，马上就相信了李少君的话。他下令全国的方士都行动起来，为他炼制仙丹。当时，炼丹的主要原料是硫磺、硝石和木炭。炼丹的方士们整天守在炼丹炉旁，脑子里想的都是仙丹。谁知，炼丹炉里不但没有炼出仙丹，却经常“轰隆隆”地发生爆炸，一些方士甚至把自己都炸伤了。是什么原因造成了爆炸呢？原来，当方士们将硝石、硫磺和木炭配成一定的比例时，无意中就制成了炸药。一些军事家听说了爆炸的事情，对此产生了浓厚的兴趣。他们模仿方士的做法，控制好硝石、硫磺和木炭的比例，制成了世界上最早的火药。火药出现后，首先被用在了军事上，后来被广泛地用于采矿、开山、筑路等。

一支没有声响的“枪”
——鸦片烟枪

“竹枪一支，打得妻离子散，未闻枪声震地；铜灯半盏，烧尽田地房廊，不见烟火冲天。”这首流传于清代民间的民谣，讲述的到底是一支什么样的竹枪与一盏什么样的铜灯，竟有如此大的破坏力呢？原来，这里所说的竹枪和铜灯都是吸食鸦片烟的工具，它们被称为鸦片烟枪和烟灯。

富贵长寿刻花铜鸦片烟灯

玻璃罩铜鸦片烟灯

鸦片烟灯又叫“毒

灯”，是英国人将鸦片贩入中国后的特定历史产物，是点燃鸦片的专用灯具。

骨质云龙寿字纹鸦片烟枪

犀牛角鹤顶骨鸦片烟枪烟杆

鸦片烟枪之所以以“枪”命名，是因它杀人于无声，而且烟管上有一个小孔，能吐烟喷火，又和火绳枪很像。可此枪与火绳枪的用法大不相同，放枪时须躺下，枪口要对着自己。

吸食鸦片为什么要躺着呢？这是因为鸦片中含有的吗啡成分对人体的作用是镇静、放松，人在吸鸦片时大脑麻痹，身体软弱无力，不能站或坐太久，而躺着是人身体肌肉最放松的状态，也是体验“腾云驾雾”梦幻快感的最好姿势。殊不知，吸食鸦片在带给人们短暂美好幻觉的同时，也在吞食着人们的灵魂。

作为吸食鸦片烟的工具，烟枪主要是由烟嘴、烟杆、烟头、烟葫芦组成。烟嘴一般为圆柱形，中心钻一孔道与烟杆相接，是吸食鸦片烟的接嘴口。烟杆是吸食鸦片烟的主通道，材质有玉、金属、竹、象牙等。烟头是烟杆与烟葫芦相接的重要一环，质地多样，有的还以名贵物件做装饰。烟葫芦，俗称烟斗，形状各异，上下通口，主要安装在烟头上，与烟杆相通。鸦片烟膏就是放置在葫芦口上，以火化烟膏为烟，经烟斗、烟杆，至烟嘴吸食。

这种用烟枪灼火吸食鸦片的方法大约是从1624年经荷兰人由爪哇传入我国台湾地区，再从台湾地区传到福建一带，然后向其他地区蔓延的。这种方法使鸦片的毒素更加深入人的体内，加重了吸食者的成瘾性，使长期吸食者变得面黄肌瘦，精神萎靡不振，并难以戒断。正所谓，“大烟是杆枪，不打自受伤，几多英雄汉，困死在烟床”。这首民谣唱出了鸦片烟毒对中国人民的毒害。

历史是一面镜子，它让我们看清了什么是美和丑；历史又是一段记忆，它让我们知道了什么是荣与辱。从外表来看，烟枪可以算得上一件精美的文物，却是一件印刻着中华民族耻辱的物证。一杆烟枪折射出一段沉痛的历史。面对这精美的文物，我们应该记住的不是它那琳琅满目的装饰，而是它带给我们的刻骨铭心的警示！

中国的明信片
——清朝外销通草水彩画

有这样一组色彩浓艳、画工精美的人物肖像画，画中之人身着清朝宫廷服饰，形象栩栩如生。女士雍容华贵，端庄优雅。男士之眉目髭须，纤毫毕现。画色之富丽堂皇，制作之细密精巧，令人叹为观止。

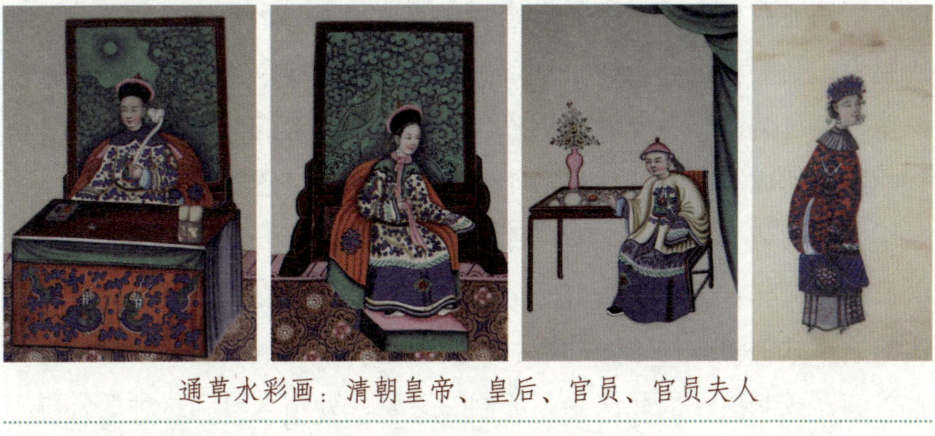

通草水彩画：清朝皇帝、皇后、官员、官员夫人

画镶嵌在木相框内，长宽不过普通书籍封面大小。这些画中人物的身份尊贵显赫，为清朝皇帝、皇后、官员及官员夫人。

这些画看起来既不像国画又不像油画，最为奇特的是，它的画纸既像海绵又像绸缎。这到底是一种什么画呢？

原来，它们就是兴盛了100年又消亡了100年的奇异画卷，有清朝

通草水彩画：清朝刑罚

"中国明信片"之称的通草水彩画。

所谓通草水彩画，就是指绘制在通草片上的水彩画。通草，又名通脱木，是一种中药药材，分布在我国的台湾地区及云南等地，其植株茎秆颜色洁白，有丝绒的质感。到1825年，人们开始把通草这种植物的茎髓切成薄薄的切片用来作画。切片薄而半透明，非常好用。由于切割的树茎大小有限，所以每张纸都只有两三只巴掌那么大。通草纸虽小，却非常适用于水彩画运墨着色的需要。当水彩运用到质感丰富的通草纸上时，经过光的折射，能够呈现出斑斓缤纷的效果，更可媲美漆器或刺绣，因此深受画师们的喜爱。外国人看到这种纸觉得不可思议，由于它又轻又薄，接近半透明，他们就猜测可能是用米浆做成的，所以国际上早期给它取的名字是Rice-paper（米纸）。

19世纪是通草水彩画生产和外销最为鼎盛的时期。它的兴起与当时国际市场的需求密切相关。自1757年清政府宣布广州一口通商后，海外贸易空前发展，外国船队载来了大批商人、游客、传教士。大清国民拥有对西方来说不同的肤色面孔，不同的风俗习惯，不同的风土人情，令他们感到神奇而陌生。他们希望在贸易之余，把自己在中国的所见所闻告诉亲友，可那时没有照相机，无法留影，怎么办呢？在这种背景下，一批广州画匠瞄准了这个商机，他们按照西方商人的要求，将西方绘画原理融入本土画中，创造出了中西合璧的通草水彩画。这种独特的画翔实地描绘了广州的风土人情，并且涉及中国社会生活的方方面面，充满了异国情趣，价格便宜，尺寸不大，携带方便，自然而然地成为外籍人士争相购买收藏和转赠亲友的最佳礼物。

通草水彩画：吸食鸦片

上图是一幅描绘吸食鸦片场景的通草水彩画。从画面上我们清楚地看到，几个瘾君子聚集在一起，或躺在简陋的竹席上，头靠枕头吞云吐雾；或因贫穷只能来此饱饱眼福。旁边放着鸦片烟灯、鸦片烟枪，以及其他吸食鸦片的用具。

这些画作写实性很强，真实再现了东方场景，成为当年欧美国家了解广州、了解中国的窗口。小小的通草水彩画，就像我们今天的明信片，极大地满足了西方人对中国这个神秘异域的好奇心。

令人遗憾的是，如此精湛的绘画技术却未能流传到今天，综其原因，主要是摄影技术的出现与流行。到20世纪30年代，通草水彩画如明日黄花，无声无息地消失在国人的记忆中。直到2001年，一位名叫威廉斯的英国学者将自己收藏的70多幅通草水彩画捐献给广州博物馆，这才引起了人们对通草水彩画的研究兴趣，开启了通草水彩画的回乡之旅。

“过去能让外国人认识中国，现在能让中国人认识过去”的外销通草水彩画，既是200年前中国社会生活的真实写照，又让我们对这些画有了全新的认识。如今，我们正试图恢复它的制作工艺。相信在不久的将来，一个在本土消亡了近百年的通草水彩画世界会奇迹般地复活。

【知识链接】

问：除了通草水彩画，你还知道有哪些外销画吗？

答：作为中西合璧的独特画种，外销画产生并兴盛于18世纪和19世纪，集中在广州十三行一带。为迎合西方社会热衷“中国趣味”的风尚，广州画师采用西方的绘画颜料和技法，绘制带有中国风情的图画，销售给来华的洋人。外销画绘画种类多样，有布本油画、象牙油画、玻璃油画、通草水彩画、纸本水粉画、线描画等。题材的社会性和技法的写实性，是广州外销画的特色。它们为今人揭开了回顾往事的窗口，提供了形象化的史源，可以与文献互补互证。

这么大的碗是干什么用的
——清朝外销广彩大碗

这些精美的大碗是平常使用的餐具吗？它们这么大是有什么特殊的用途吗？原来，这些大碗曾经漂洋过海，远销到欧美，被那里的人们用来调酒。当时人们所调制的酒英文名为Punch，中文译为潘趣（港澳地区按粤语发音译为宾治）酒。这是一种什么样的酒呢？而且，为什么当时欧美国家的人不惜远涉重洋从遥远的中国购置这么大的碗来做调酒之用呢？

Punch是一种饮料的泛称，据说这种饮料最初由5种基本原料混合而成，而这5种原料也各有说法，大致包括酒、糖、柠檬、水、茶或香料。这种饮料于17世纪初由水手和东印度公司的雇员从印度带回英国，并由此传播至欧洲各国和美国。Punch这一英文词汇最早出现在1632年的英国文献中。如今的潘趣酒，一般由酒、热水、牛奶或茶、混合糖、柠檬及一些香料或兴奋性饮料调制而成，在公开场合提供的潘趣酒的酒精度比一般的鸡尾酒要低，酸、甜是这种酒的主要风味。

广彩英舰图大碗

广彩描金帆船徽章大碗

那么作为节日、庆典和聚会上常见的传统饮料，潘趣酒一般要用专门的潘趣碗来调制盛装，潘趣碗大多深腹广口、装饰精巧。当时的潘趣碗大多是陶瓷质的，尤其是18世纪50年代来自中国的外销瓷潘趣碗非常流行。

在那时，可以说，陶瓷是中国的代名词。中国瓷器质地细腻，釉色精美，绘画艺术性强，不仅是理想的生活用品，还可以当作高级礼品、室内装饰品等，被欧洲国家的皇室大量订购。由于每个国家、地区或民族的喜好不尽相同，要求自然也不同。例如，欧洲人喜欢绚丽多彩并绘着徽章、人物、风景、花卉的彩瓷。为了适应外贸市场的需要，雍正、乾隆时期，广州出现了一种由景德镇做胎、广州画彩的外销瓷——广彩瓷。欧洲商人或在广州订货，或来样加工，造型上多以西方生活方式需要而定制，因而促进了外销广彩瓷器的生产和发展。

这么大的潘趣碗，除了用来盛放潘趣酒外，还用作家庭的洗礼盆。家里的父辈和子孙都用同一只大碗施洗礼，因此一家之主和家庭中的长辈常常通过分发大碗中的酒来表达盛情、慈爱和威严。牧师和传教士们也对这样一只大碗崇敬有加。因此，潘趣碗也成为家庭生活中不可或缺的重要物品，再贫穷的家庭也会有一只这样的大碗。基于以上原因，潘趣碗常常绘有具有纪念意义的铭文或图案，承载着不少美好的回忆，是备受家庭成员珍爱的物品。例如，由于当时航海技术相对落后，外国商船能远涉重洋到达中国，平安进入广州港，实属不易，水手们喜悦的心情自然无以言表，因此他们常常把自己的船舶描绘到瓷器上，以作纪念或赠送亲友。

数个世纪以来，尽管人们对潘趣酒的喜好程度时有变化，但潘趣碗从出现之日起，便承载了许多的内涵和意义，不仅漂洋过海陪伴不少欧美家庭度过了美好时光，而且是中西陶瓷贸易、饮食文化交流和文化艺术融合的无声见证者！

【知识链接】

问： 数量如此巨大的中国瓷器是如何安全地被运送到万里之外的异国他乡的呢?

答： 古代，中国瓷器的外销可分为陆路和海路两种方式，陆路运输主要依靠人力或畜力，运载量小，不仅成本高，而且路途长久，风险大，不适宜运输易碎、厚重的货物。因此，大批量的外销瓷器主要依靠海路运输。帆船作为运输工具，具有装载量大的优势，而且古代帆船在海上航行主要依靠季候风，运输成本低廉，大量的瓷器放置在船舱最底部，运回国后能赚取高额的利润。

扬名天下的清朝外销广州牙雕

清朝是广州牙雕发展的鼎盛时期。

1757年，广州成为中国唯一的对外通商口岸，所有外国商船进出口物品必须由广州十三行行商办理，因此各国商人、旅客搭乘船只到中国必须先到广州。当踏上这片神奇的东方土地时，看到精美绝伦的牙雕工艺品，他们便爱不释手，将其作为首选的回国手信。

1793年，英国国王乔治三世特使马戛尔尼一行抵达广州，他们看到精美的广州象牙雕刻工艺品时，十分惊讶。后来，特使秘书巴洛在《旅游在中国》中写道：“看起来似乎最优美、最完美无暇的顶峰，就是广州的象牙雕刻。”

广州牙雕到底有多精美呢？让我们一起来看看吧！

这件清朝中期外销象牙镂空人物花鸟纹卡片篮采用镂空雕法，卡片篮上不仅刻有寓意吉祥如意的喜鹊、梅花、鱼，还有人物和树木。雕刻细微精美，繁华中显玲珑。

象牙镂空人物花鸟纹卡片篮

当时来华的外国官员和水手们，除了会购买这些工艺品之外，还喜欢购买彩绘的折扇，作为赠送亲友的纪念品。在十八九世纪的欧洲，身着华服的贵妇们手执一把极具东方情趣的扇子已成为时尚。广州工匠生产的扇子品类齐全，样式丰富，款式独具一格。

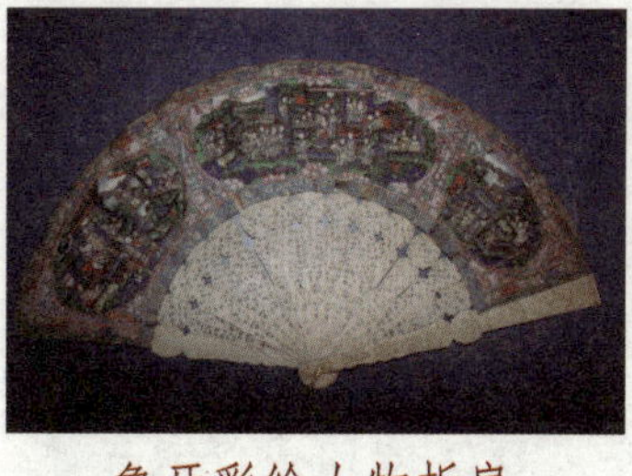

象牙彩绘人物折扇

这把象牙彩绘人物折扇，两边较厚的两片扇骨，用浮雕、镂空雕等手法，刻有人物、亭台楼阁、花草树木等图案，精雕细刻，线条分明。扇面人物多达43人，人物面部采用象牙贴面，神态各异，惟妙惟肖，生活气息浓郁，做工绮丽精巧，纹饰华美。由于扇面采用天然矿物质颜料绘画而成，所以保存至今仍色彩艳丽。

这把象牙镂空雕刻双面人物扇，扇面由21块象牙片组成，共雕有118个人物，美轮美奂，赏心悦目。

象牙镂空雕刻双面人物扇

广州象牙折扇不仅成为西方宫廷贵妇们的时尚配饰，而且在当时的西方上流社会社交圈子中还流行一段时尚的扇子语。在交际场合中，贵妇手中的扇子如何舞动，每一摇一扇都有特定的含义。扇子从外到内扇，表示对你有好感，可以进一步交谈；扇子在心胸间轻轻地扇，表示喜欢这样的交谈；扇子从上往下扇，示意要请你跳舞；扇子从里往外扇，表示这次的交往即将结束；将扇子收拢，寓意交往到此结束。

广州牙雕这种最具岭南特色的传统工艺品，成了当时中国文化的象征和与世界文化交流的使者，在全国牙雕艺坛上独领风骚一百多年。2006年，广州牙雕被列入首批国家非物质文化遗产。现在，我们欣赏广州牙雕，不仅因为它的精美绝伦、巧夺天工，更因为它见证了广州曾经对外贸易繁荣昌盛的历史，它当之无愧地成为中华民族的瑰宝！

【知识链接】

问： 你知道明清时期的贵族们是如何用扇子来显示财富的吗？

答： 首先，他们请名匠用上等的木材如黄花梨、檀香等，或者其他珍稀的材料如象牙、玳瑁等，制作扇骨并做成扇子，甚至以大小不一的金箔施于纸上形成洒金扇面，或把金箔施满纸面做成泥金扇面。这样的扇子，在材料做工上已经价格高昂，绝非一般普通人能承受得起的。之后，再请当时的书画名家或题写诗词或绘画于扇面上，抑或请两位名家各写一面，相映成趣。这把折扇被赋予的，就不只是工艺的精美，更有文化艺术上的承载与传播功能了。

试想一下，三五知己好友相聚之时，各从袖中掏出一把折扇。扇子打开，扇面上的书画，你的是由当地名家所题，我的是由朝中重臣所书，他的是举国知名的大画家所画，更有一人手中所持乃200多年前大名家的书法与画，高下当即立判，身份立显。

祸国殃民的“福寿膏”
——鸦片

鸦片，是从罂粟果实的汁液中提取而来的。当罂粟果实未成熟时，划割它的果皮就会流出像乳汁一样的白浆，将其煎熬成黑色黏膏，就制成了鸦片。

最早将鸦片及其制成品带来中国的是驼背上的阿拉伯商人。鸦片在自唐到明的600余年，一直作为药材存在，宋元时期还将它看作一种灵丹妙药。到了清朝道光年间，随着吸食方法的改进及吸食风气的流行，鸦片逐渐成为危害人们身心健康的毒品。

罂粟标本

罂粟果标本

吸食鸦片不仅能让胃痛、腹泻之类的毛病立刻停止，还能麻痹人的头脑，在吸食的时候好像什么烦恼、痛苦、尴尬、羞辱的事情都会随着鸦片的云雾被带到九霄云外。因为这种飘飘欲仙的感觉很美妙，人们误认为鸦片是可以添福添寿的，因此把它叫作“福寿膏”。

谁知这“福寿膏”不但不能添福添寿，相反还能毁掉一个人、一个家庭，甚至一个国家。英国人从清朝初年就开始把在印度生产的鸦片运到广州，到道光时期更是加大了输入量。鸦片吸食者蔓延到了社会各个阶层，上至达官贵族，下至平民百姓，千万民众受其麻痹，体弱萎靡，致使中国人被西方人称作东亚病夫。

“眼垂泪，鼻出涕，一息奄奄死相继。”

“双枕对眼一灯紫，似生非生死非死，瘦肩耸山鼻流水，见者咸乎鸦片鬼。”

不同品种的罂粟

“面黄肌瘦精神少，有病了；身上穿件破棉袄，底丢了；不论干湿就睡倒，瘾发了；妻室儿女哭号啕，不管了；父母无病逝故早，气死了；不完钱粮不纳草，地卖了；赤身露体到处跑，拆光了；日窃夜盗人人恼，不远了；走在野地尸难找，狗吃了。”

鸦片烟膏

这些都形象地再现了鸦片吸食者的丑态和悲惨下场。

“请君莫畏大炮子，百炮才闻几人死！请君莫畏火箭烧，彻夜才烧二三里。我所畏者鸦片烟，杀人不计亿万千！君知炮打肢体裂，不知吃烟肠胃皆熬煎！君知火烧破产业，不知买烟费尽囊中钱！呜呼！太平无事吃鸦片，有事何必怕炮怕火箭？”

“大清国大清年，大清朝时髦抽大烟。洋鬼子送来慢毒药，它比虎狼更凶残。白银花儿花儿往外淌，国破家亡在眼前。天也愁来人也怨，何时雾散见青天。”

这些民谣与顺口溜也都生动形象地描述了鸦片成瘾者对个人、家庭、社会乃至国家造成的巨大危害，中华民族正一步步沦陷于鸦片烟毒的祸害之中。

到了19世纪30年代，鸦片烟毒泛滥成灾。军队里，上至将领，下至士兵，很多人都染上了毒瘾，丧失了作战能力，原本骁勇善战的八旗兵变得不堪一击。同时，鸦片的大量涌入，导致国内白银外流，而大量烟鬼的出现，令国民体质整体下降。虽然有林则徐虎门销烟的壮举，但鸦片这一祸国殃民的毒药对大清王朝的影响是深重、深远的！1840年，大清国民因吸食鸦片，不得不以衰弱之躯与朝气蓬勃的大英帝国发生了一场战争，而这场鸦片战争也成为中国一个重大的历史转折，此后，中国逐渐沦为半殖民地半封建的社会！

【知识链接】

问：鸦片是传统的毒品，那你知道现在有哪些新型的毒品吗？

答：所谓新型毒品是相对鸦片、海洛因等传统毒品而言的，主要指人工化学合成的致幻剂、兴奋剂类毒品，是由国际禁毒公约和我国法律法规所规定管制的，直接作用于人的中枢神经系统，连续使用能使人产生依赖性的精神药品（毒品）。

目前，在我国流行的摇头丸、冰毒等新型毒品多发现于娱乐场所，所以又被称为“俱乐部毒品”“休闲毒品”“假日毒品”等。

记录西方人眼中的“天朝上国”
——《鸦片烟鬼》铜版画

在鸦片战争博物馆的虎门销烟陈列展厅里，一些特殊的画作常常吸引着游客驻足观看。这些画作在国内并不常见，是博物馆近年来从国外征集回来的铜版画。铜版画起源于欧洲，已有近600年的历史，它是用铜板做印刷制版的材料，先将形象刻在铜版上，再转印到画面上。在照相复制印刷技术发明之前，经常被用来复制油画作品和制作书籍插图，是国际公认的重要画种。

这幅铜版画《鸦片烟鬼》是由英国画家托马斯·阿罗姆所创作，并收录在他的《大清帝国城市印象——19世纪英国铜版画》画册里。据史学家考证，这幅画取材自福建、广东等地的鸦片烟馆，在里面吸

铜版画《鸦片烟鬼》

食鸦片的多半是苦力。画中这位站立者由于鸦片的刺激，正神态亢奋地手舞足蹈，来缓解一天的劳苦。这些生活在社会最底层的平民老百姓，辛辛苦苦靠出卖劳动力换来的血汗钱，就这样被他们挥霍在抽食鸦片烟上了。

通过英国人的绘画，我们可以看到中国的过去。那时，照相、电影技术还没有发明，人像、建筑、风景的存真手段就全靠绘画。并且，我们还可以通过这些绘画，了解欧洲人是如何看待当时的中国的。

可以说，这幅画使欧洲人改变了他们眼中的中国人形象。19世纪的欧洲人说，文明的中国病了，成了“东亚病夫”。当时，笃信基督教的英国爵士邱士林也这样描写到：“我的好奇驱使我去造访的一个地方，那就是鸦片鬼们的‘天堂’，那里当然呈现出一幅最恐怖的景象。那里的人虽然神情看上去还不像醉倒的酒鬼那样斯文扫地，但那番猥亵却也早已经掉到了野蛮和堕落的地步。鸦片鬼们白痴般地傻笑，死一样的麻木，让人远远地看上去要比酒鬼们更可怕。”

从这副画中衰败、狼狈的场景来看，当时的中国确实是鸦片走私日益严重，烟毒泛滥成灾！

据《中华帝国对外关系史》中的统计，仅1832年一年，英国东印度公司输入中国的鸦片就达21985箱。这还是东印度公司造册登记的合法贸易的数额，而在广州黄埔江外走私进口的鸦片，未登记造册的，则无法统计其确切的数据。可以说，19世纪30年代，当时4亿多中国老百姓有上百万人染上毒瘾，几乎各个阶层，上至达官贵族，下至平民百姓，都染上了吸食鸦片的恶习，甚至一些军官也开始吸食鸦片。就这样，吏治更腐败，军队则丧失战斗力。

这其实也使英国人更坚信，大清王朝就好比“一艘破烂不堪的头等战舰”，要击败它并不困难。

当中国人还对西方懵懂无知的时候，西方人却对中国已经有了这么深入的了解。正如这幅铜版画所折射出的当时中国的社会情况，鸦片为什么屡禁不止？烟民为什么越来越多？清军在鸦片战争中为什么会战败？也许就不难解释了！

【知识链接】

问：大家知道版画有哪几种吗？铜版画又属于版画的哪一种呢？

答：版画是以“版”作为媒介，在金属板、石板、木板、纸板、塑料板等不同板材上，进行绘制、雕刻、腐蚀等方法的制版过程，再通过印刷而完成的艺术作品。根据制版方式，分为凸版、凹版、平版、孔版、综合版、电脑版等。各版种的版画种类是很多的。

凸版画指的是木版画、浮世绘、木口木刻版画等表现方式。凹版画是相对于凸版画而言的版画种类，我们常说的铜版画就是凹版画。与其他画种相比较，这种形式的版画在国内不多见。铜版画在国外早已是被人们所喜爱的重要画种，人民币和邮票都是用这种方法印刷的具有艺术性的有价证券印刷品。

紫禁城里的嘀嗒声
——19世纪西洋座钟

法国钟是最奢华的，不仅样式华丽，而且外观多采用珐琅彩，带有浓厚的欧洲宫廷味道。法式奢华在钟表上的体现，往往是讲究按套计算（有点类似于餐具）。一座西洋钟，有时会配左、右两个烛台。法国制钟者向来都是雕塑家、画家，在一座钟上常留有多个制作者的签名：外壳由某位雕塑家完成，表盘由某位画家或珠宝艺人绘制，机芯另有制作者。与法国钟不同，英国钟则是最高级别的古董钟的代名词，从设计、工艺、风格到品味等各方面来说，都堪称上乘。有意思的是，英国钟的制钟工匠多为科学家和物理学家，他们拥有航海、物理等学科知识，因此更加强调钟的准确性。

法国铜鎏金座钟

当今天的人们赞叹这些精巧华美的钟表时大概不会想到，在400多年前，正是钟表，成为西方人进入紫禁城的第一块敲门砖。1601年，西方传教士利玛窦向明朝万历皇帝进贡了两座自鸣钟，这是在中国宫廷中出现的最早的机械钟表。机械钟表起源于欧洲，自从钟表传入中国，这种“奇巧淫技”就迅速俘获了明清两朝数位皇帝的心。

在清朝，赏玩钟表成了皇室成员的一种时尚，顺治、康熙、乾隆三帝嗜爱钟表的程度一代胜过一代。外国使团和传教士知道中国皇帝喜爱钟表，都投其所好，携带精美的钟表来华，遇到机会就呈献给皇帝，以此换取在华的利益。他们想方设法收集各种各样的稀奇钟表，用日月星辰、车马人物、花鸟虫鱼做装饰物的自然不在话下。可厉害的是，能将日月星辰通过发条变成斗转星移，让车马动起来，人物活起来，花儿开起来，鸟儿叫起来，这样新颖别致的钟表，皇帝如何能按捺得住啊？

铜鎏金外国人物座钟

乾隆皇帝对钟表最为痴迷，不遗余力地收集各种奇钟异表。他曾下令每年从海外订购价值3～6万两白银的顶级钟表。18世纪中叶，东印度公司每年从伦敦购买价值2万英镑的钟表运往广州。据1791年的清朝海关文献记载，当年由粤海关进口的大小自鸣钟、时辰表、嵌表和鼻烟壶共1025件。

这些反映西方先进科学技术的钟表在乾隆时期的紫禁城里，已经成为最时髦的宠物。它既是计时器，又是装饰品，既是高档玩物，又是精美的艺术杰作。当时宫廷竭力搜罗、制作和收藏钟表，各种稀世钟表通过众多途径汇集到了皇宫。那时，皇宫的每个角落几乎都摆放着钟表，“嘀嗒”“嘀嗒”的钟鸣声响彻整个紫禁城，成为一道靓丽的风景。

西洋钟表虽然陆续出现在大清王朝宫殿的各个角落，但是并没有使这个王朝与西方前进的节奏对接，这些西方科学和艺术成果的结晶更多的是被统治者当成享乐的玩物。

有这样一件有趣的事。慈禧太后是个思想保守的妇人，生活上穷奢极欲，很喜欢西洋玩意儿。曾为慈禧太后画过肖像画的美国画家凯瑟琳·卡尔在其撰写的《禁苑黄昏——一个美国女画师眼中的慈禧》一书中描写到：慈禧太后的储秀宫里存放着87座西洋钟，她在颐和园里的卧室，面积虽然不大，却放了15座钟……它们“嘀嘀嗒嗒”地走着，报时信号又绝不同时敲响，足以将一个神经质的欧洲妇女逼得发疯，可是太后好像一点儿也没有神经质。

到了清朝晚期，电灯、电话这些代表现代文明的科技成果陆续出现在紫禁城里，甚至西方的餐饮及娱乐方式也被引入宫中，丰富着皇帝的生活。然而，就像之前他们对待钟表的态度一样，这座宫殿的主人已经习惯了把文明的成果当成享乐的工具。

【知识链接】

问：西洋钟是富贵人家才用得起的，那平常老百姓们是怎样知晓时间的呢？

答：知晓时间对于现在的人们来说，是一件太容易的事情。可在古时候，普通老百姓除了“日出而作，日落而息”之外，对时间并无明确的概念。

清初，西洋的机械钟表还是稀罕物件，老百姓家里很少有。钟楼、鼓楼便是为全城百姓计时、报时的工具。1637年，皇太极传旨建盛京城（今沈阳）钟楼，将钟悬挂于钟楼之上，这口大钟便从此为全城百姓报时。全城百姓听到击鼓鸣钟便知道到了什么时辰。一夜五更，每到更点，钟鼓齐奏。黄昏时分，即晚7时，盛京城便将八门紧闭，先击鼓，后鸣钟，是为起更。随后，每两小时，即一个时辰，鸣钟一次，八门上的守城人也相继击鼓鸣锣。不过，为了不影响百姓休息，从二更到五更，只撞钟不击鼓。到了起床时间，则先击鼓后撞钟，表示要起床了。之后，城门大开，行人和商贩便可以进城来。而文武百官入朝也以钟鼓声为准，三更起床，四更到午门外集合，五更时入朝。

古人的一更相当于现在的19点到21点，二更是21点到23点，三更是23点到凌晨1点，四更是1点到3点，五更是3点到5点。

我们真的落后了
——中英双方武器装备的对决

鸦片战争让一个拥有4亿人口与80万常备军的泱泱大国，惨败给了一个远涉重洋、投入兵力不到2万人的英国，这是怎么回事呢？清政府在鸦片战争中战败不是偶然的，是由多方面的因素造成的，而其中双方武器装备的优劣悬殊是一个重要的原因。战争的失败也给了我们一个深刻的教训：腐败就会亡国，落后就会挨打！

一、枪与枪的对决

鸦片战争时期，英军已处于初步发展火器时代，而清军仍处于冷热兵器混用的时代，并且大部分士兵主要以冷兵器为主，如弓箭、长矛和腰刀等，装备的热兵器主要有火绳枪、抬枪、火炮等。

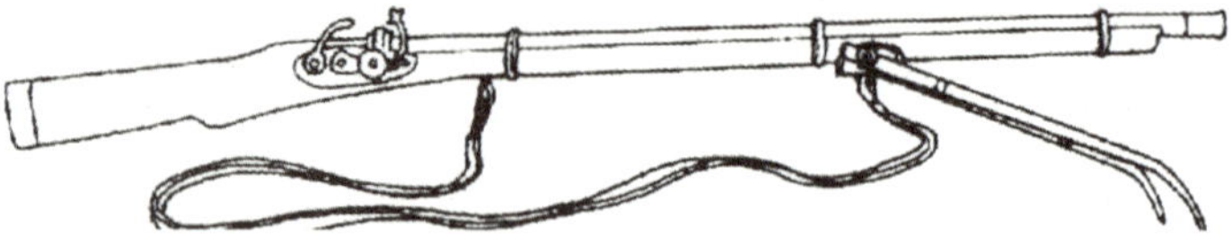

清朝鸟铳结构示意图

鸟铳是清军作战训练用的火绳枪，因其发机处龙头翘起，形状像鸟首而得名。清军使用的鸟铳，枪长2.03米、重5.4千克，铅丸重31.5克，添装火药10.5克，射程约150米，射速为0.3～0.5发/分钟。但清兵使用的鸟铳大多质量低劣，严重老化。有的使用了166年尚未更新换代。有的枪管薄厚不均，枪膛宽窄不一。膛宽则子弹弹出无力，飞行不远，管薄则易炸膛，自伤射手，所以大部分士兵不愿使用。当时清军更愿意使用安全的弓箭，普遍不敢操作有炸膛危险的火枪，而且士兵们尽量避免当火枪兵。当了火枪兵的则不愿实弹训练，长官为安全起见也很少进行实弹射击。这类火枪不但有炸膛危险，还百分之百地泄露火药气体，火星会溅落到手上、脸上，所以发射时枪手都“闭眼、扭头、缩脖子”，这样的射击方式能命中目标都算是奇迹了。

清代火绳枪

英军长枪

英军短枪

而英军配备了在当时世界上相当先进的伯克式前装滑膛燧发枪和布伦士威克式前装滑膛击发枪。前者枪长1.16米，射程约200米，射速为2～3发/分钟。后者枪长1.42米，射程约300米，射速为3～4发/分钟。这样的射速、射程都是清军的鸟铳所无法比拟的。而且英军全部装备火器，且枪支装有枪刺。当清军与同样数量的英军对阵时，实际是先用大约一半的火兵器兵对抗全部英军，再用大约另一半冷兵器兵对抗全部英军。为了协调冷兵器和火兵器部队的步调，清军整个阵列只能以缓慢的速度移动，战术机动性相当差，很难最大限度地发挥火力的作用。英军却以灵活的队形，往往能够成功地通过迂回等机动动作，对清军最薄弱处实施攻击。

另外，道光年间，在清军装备的枪炮中还出现了抬枪，抬枪是一种由2人用火绳点火发射的重型鸟铳，又称“二人抬”。重量从十二三斤到三十几斤不等，其结构与一般的兵丁鸟铳完全相同，但装药量、射程及杀伤威力远远大于兵丁鸟铳，一般枪长2.4米，铅丸重18.9克，添装火药132克，射程480米左右，射速为1发／分钟。发射时须两人操纵，一人在前充当枪架，将枪身架在肩上，另一人瞄准发射。这种火器重量较轻，不必车载马驮即可携带，而且火力较强，因此抬枪在清朝中后期十分盛行。

二、炮与炮的火拼

清军火炮与英军火炮在式样和机制原理上大体相同，主要差别在于制造工艺和质量。

其一，在铁质方面，工业革命后，英国的冶铁技术进步显著，为

清军所用实心炮弹

铸造高质量的火炮提供了高纯度的优质铁。而当时中国的冶铁技术落后，炉温低，铁的杂质多，因而造出的火炮十分粗糙，气孔气泡多，放炮时很容易炸裂，伤及炮手，为此只好加厚炮壁，减少火药填充量，结果导致大炮极为笨重，威力减小。

其二，在铸炮工艺上，英国已使用了砂型铸造工艺，火炮的各种尺寸比例和火门的设计较合理，射击精确度高。当时中国还沿用落后的泥模工艺，铸件毛糙，缺乏可以灵活转动的炮架和瞄准装置，不懂各种尺寸比例和火门的设计，以致清军火炮射击范围小，射击精度差。

其三，在炮弹种类及质量上，英军装备有实心弹、霰弹、爆破弹等性能不同的炮弹。而清军使用的只有一种效能最差的实心弹，且有弹体粗糙和弹径偏小的缺陷，影响了射程和射击精确度。

其四，在火药的配比上，英国已掌握了火药的最佳配方，枪用发射火药和炮用发射火药的成分有不同的精确比例。并且英国的火药生产已进入近代工厂的机械化生产阶段。相比之下，清军的火药配方则是根据经验来进行的，含硝量高，容易发潮，难以久贮，爆炸效力低，且处于手工业作坊或手工工场生产阶段。

另外，清军在火炮管理上也很落后，没有建立定期造换制度，任

1835 年佛山制造的 5000 斤铁炮

鸦片战争期间的外国造前膛铁炮

凭风吹雨淋，炮身锈蚀。有的火炮竟是明朝铸造的，严重老化，几乎不能用。

三、船与船的较量

《晚清中国外销画》中描绘的19世纪中叶中国水师船

对比中英武器装备，差距最大的莫过于舰船。英国海军为当时世界之最，拥有各类舰船400多艘，其主要作战军舰仍为木制风帆船，但性能远在清军水师之上。用坚实木料制作，能抗击风浪；船体下部为双层，抗沉性能好，且有金属包裹，防腐蚀；船体上有多桅帆，能利用多种风向航行；军舰大，排水量从几百吨到几千吨；配炮多，从10门到120门不等。工业革命后期出现的蒸气动力铁壳轮船，也已开始装备海军。它们航速快，机动性强，大大加强了英国海军的实力。

西方把海洋当作贸易的通道，而清朝出于政治考量，一直推行海禁政策，对出海船舶的大小及所载武器都有严格的限制。也就是说，出海的不论是渔船还是商船，都不能用大船。远洋贸易受到制约，阻碍了中国航海技术的发展，进而导致海上防御力量极度匮乏。清朝水师战船大多由民船改造而成，船型复杂多样，但总体上吨位小、配炮少、航速慢，与西方战舰相差悬殊。由于中英舰船水平的悬殊，使清军在鸦片战争中根本不敢以水师出海迎敌，只能放弃与英军在海上交锋，从而丧失了主动权。英军以其强大的海军，横行于中国海面，决定了战争的时间、地点和规模，常常打得清军措手不及。

通过对中英武器的比较，我们可以得出结论，英国能够打败中国这样一个幅员辽阔、人口众多的大国，军队的船坚炮利起了关键性

英国来华军舰“威里士厘”号

英国来华武装蒸汽船“复仇女神”号

的作用。大清王朝在封建制度的桎梏下，长期停滞不前，对外限关自守，国力与英国相比整整落后了一个历史时代。如此多的弊端，最终造成了清政府在战争中的彻底失败！

天子华服
——清朝皇帝的龙袍

大家都看过不少清宫戏，相信大家也深深地被戏中独特的清宫服饰所吸引。一提到龙袍，大家都会想到这是天子专属的服饰。一袭明黄色的龙袍，上面有龙盘绕着，还有一些我们叫不出名的图案。那时的皇帝们每天都穿着这么华丽的衣服，他们可真幸福！可是，他们每天都穿一样的龙袍会不会太单调了呢？其实，清朝皇帝的服装并不是一件龙袍那么简单，它

清末绣花黄龙袍

们有着复杂的种类和式样，皇帝在什么场合穿什么服装都是有讲究的，而且更换频繁，有时一天要更换好几套。

古时称皇帝之位为九五之尊。九、五两数，通常象征着高贵。清朝皇帝的龙袍绣有九条金龙，这九条龙的位置分别是：前胸和后背分别有一条正龙，下面前后分别有两条行龙，肩部左右两侧分别有一条龙，右面内襟内还有一条龙。每件龙袍从正面或背面单独看时，所看见的都是五条龙，与九五之数正好相吻合。龙袍上，除了龙唱“主角”外，还在龙纹之间绣以形形色色的“配角”，如五彩云纹、十二章纹、红色蝙蝠等图案。它们分别代表了不同的含义：五彩云表示吉祥之兆，十二章纹象征皇恩浩荡、普照四方，红色蝙蝠寓意洪福齐天。另外，龙袍的下摆斜向排列着许多弯曲的线条，名为水脚。水脚之上，还有波浪翻滚的水浪，水浪之上，又立有山石宝物，俗称“海水江涯”，它除了表示绵延不断的吉祥含意之外，还有一统山河和万世升平的寓意。

清朝皇帝的服饰有礼服、吉服、便服和行服等。礼服包括朝服、朝冠、端罩、衮服、补服。吉服包括吉服冠、龙袍、龙褂。便服即常服，是在典制规定以外的平常之服。行服是皇帝外出活动时穿的运动服，满族是善于骑射的民族，为了方便皇帝狩猎骑马，右下方的衣襟可以解开。

皇帝的龙袍属于吉服范畴，是上下连体的通身袍，比礼服略低一等，是皇帝在一般性的吉庆宴会、朝见臣属的时候穿的常见礼服，也是我们经常见到的帝王服饰。穿龙袍时，必须头戴吉服冠，腰束吉服带及胸前挂朝珠，脚蹬皂靴。

【知识链接】

问：龙袍十二章纹包括日、月、星辰、山、龙、华虫、宗彝、藻、火、粉米、黼、黻，它们各代表什么意思呢？

答：十二章纹发展历经数千年，每一章纹饰都有寓意。

日、月、星辰，代表三光照耀，象征着帝王皇恩浩荡、普照四方。

山，代表着稳重的性格，象征帝王能治理四方水土。

龙，是一种神兽，变化多端，象征帝王善于审时度势地处理国家大事和对人民的教诲。

华虫，通常为一只雉鸡，象征帝王要文采昭著。

宗彝，是古代祭祀的一种器物，通常是一对，绣虎纹和蜼纹，象征帝王忠、孝的美德。

藻，则象征帝王的品行冰清玉洁。

火，取其明亮之意，象征帝王处理政务光明磊落。

粉米，就是白米，象征着帝王给养着人民，安邦治国，重视农桑。

黼，为斧头形状，象征帝王做事干练果敢。

黻，代表着帝王明辨是非、知错就改的美德。

十二章纹饰图

【活动设计】

科普小课堂

——通草水彩画的保养奥妙

活动宗旨：本次活动以科普为出发点，让观众动手参与，了解文物保存中需要注意的因素，这些因素会对文物产生什么样的影响，这些精美的通草水彩画怎样才能更好地保护传承下去。带着这些问题，我们以通俗易懂的语言和保护手段向观众展示文物背后的工作。

教学目标：通草水彩画是清朝的一种特殊外销商品，制作过程中以通草纸（片）为底，用水彩颜料作画，为清朝所独有，可以视为单独种类的纸质文物。通草水彩画文物所用的通草纸（片）由植物的髓部加工而成，质地薄，触感、观感类似丝绸，干燥时无耐折度，吸水时不变形，有加工刀痕及相当的卷曲力。这些特性使得通草水彩画文物在保护修复过程中明显区别于一般纸质文物，具有保护中不需要脱酸也不会产生狐斑，不能以一般装裱技艺修复，保存中需要保持一定的湿度以维持其柔韧性的特点。

活动内容：

利用对晚清通草水彩画历史及制作工艺的介绍、展示，向广大青少年观众普及非常规类纸质文物预防性保护及修复知识。

1. 介绍通草纸（片）的制作工艺（播放视频介绍），结合通草纸（片）的实物展示，向广大青少年观众介绍非常规纸质文物的特点及其不同于常规纸质文物的保护理念。

2. 介绍通草纸（片）安装无酸保存夹的装框方式，结合现场动手装框实践，向观众传达非裱装的纸质文物保护方式。

3. 利用电子温湿度计，向观众展示通草水彩画保存的温湿度情况。现场提供成品通草纸，借助颜料作画，画好后将作品放入干燥箱，展示湿度过低的情况下通草纸的开裂，进一步说明温湿度因素对文物保护的重要性。

4. 在颜料中加入一定量的硝酸银溶液，造成通草水彩画在闪光灯下迅速变色的老化效果，展示闪光灯对文物的破坏性作用，教育观众文明参观。

第四章 鸦片战争博物馆参观攻略

光阴似水流，如何跨越时间的阻隔，与历史近距离接触？博物馆无疑就是那个帮助我们穿越时空的时光机！走进博物馆，集中意念，调动感官，将时间压缩，把空间折叠，让一场盛大的历史探秘之旅瞬间开启吧！

就像寻宝缺不了地图，探秘历史自然也少不了攻略。为了让大家的历史穿越之旅更尽兴，特献上本攻略。当然了，不要求人人都按图索骥，只要能在必要的时候起到指点迷津的作用，那也是件乐事，不是吗？

听说过鸦片战争博物馆的人不少，但了解鸦片战争博物馆的人却不多。这究竟是一个什么样的博物馆呢？里面有什么东西？它位于哪里？我们该怎么坐车去呢？……别着急，让它亲自来为你解答。

我的名字叫鸦片战争博物馆，是一座收藏、保护、展示、研究林则徐与鸦片战争文物史料的遗址性和纪念性相结合的专题性博物馆。我很重要，你看，1982年就由国务院公布为全国重点文物保护单位了！我出生在1957年，哈哈，是不是都能当各位小观众的爷爷了？建馆初期，我被叫作林则徐纪念馆，1972年改名为鸦片战争虎门人民抗英纪念馆，1985年又重新定名为虎门林则徐纪念馆。为有利于对鸦片战争遗址的管理，如今还增加了一个馆名——鸦片战争博物馆。我的更名历史是不是很复杂呀？我还有小兄弟呢，那就是1987年7月和1988年1月先后“出生”的沙角炮台管理所和威远炮台管理所，它们分别管理着沙角和威远岛诸炮台遗址。噢，对了，还有小弟弟海战博物馆，它在1999年12月也正式对外开放了。

鸦片战争博物馆、虎门林则徐纪念馆、海战博物馆，是3个馆名一套班子。鸦片战争博物馆下辖4个景点，即虎门林则徐纪念馆、海战博物馆、威远炮台旧址和沙角炮台旧址，这4个景点就像四兄弟一样，是相亲相爱的一家人。一直搞不清楚鸦片战争博物馆、海战博物馆、威远炮台旧址、沙角炮台旧址之间关系的同学，现在弄清楚了吗？

到鸦片战争博物馆，能看些什么展览呢？一年365天，天天都能看到的基本陈列有“虎门销烟系列”“鸦片战争陈列”，固定展览有“虎门故事”，除此以外，还不时会有精彩纷呈的临时展览和趣味活动哦！临时展览和趣味活动什么时候开始？关注鸦片战争博物馆的官方网站、微博、微信以及手机客户端就知道啦！

下面，我们再来进一步了解鸦片战争博物馆下辖4个景点的情况。

一、虎门林则徐纪念馆

我年龄最大，是四兄弟里的老大哥，名叫虎门林则徐纪念馆，也有人叫我林则徐销烟池旧址，住在虎门镇口社区，管理的销烟池旧址是1839年林则徐销毁英、美两国鸦片的历史遗存。我有具有炮台神韵

的门楼、陈列大楼、抗英群雕、林则徐铜像、虎门销化鸦片纪念碑、抗英大炮等。只要你来，就能感受到浓郁的历史氛围。我将给大家展示“虎门销烟系列”基本陈列，这个展览是在2011年5月1日更新后正式对外开放的，是博物馆的叔叔阿姨们费尽心血才做好的陈列展览，多年来一直受到社会各界的关注和好评。

小贴士

开放时间：8:30～17:30（17:00停止发票、停止进馆，17:15清场，17:30闭馆，周一闭馆）

预约电话：0769-85197173

咨询电话：0769-85512065

馆址：虎门镇解放路113号

交通指南：乘坐虎门3A路公交车，在林则徐公园站（终点站）下车。

二、沙角炮台旧址

我是沙角炮台旧址，住在虎门镇沙角社区，离中心区有点远，但远

离喧嚣，依山傍海，风景秀丽，也让我形成了独有的气质。更何况，我是扼守珠江口的重要要塞，数百年来坚守阵地是我的职责所在。这里还有保存完好并对外开放的沙角门楼、濒海台、临高台、捕鱼台、节兵义坟、林公则徐纪念碑、功劳炮、克虏伯大炮等文物遗存。守护着它们，就是守护着历史，你来或者不来，我都在这里。

小贴士

开放时间：08:30 ~ 7：30（17:00停止发票、停止进馆，17:15清场，17:30闭馆）

预约电话：0769—85561558

咨询电话：0769—85563429

馆址：虎门镇沙角社区

交通指南：乘坐虎门9路公交车（节假日还可乘坐虎门10路公交车），在沙角炮台（终点站）下车。

三、海战博物馆

我是大名鼎鼎的海战博物馆，我住在虎门镇威远岛南面社区，由陈列大楼、宣誓广场、观海长堤等组成了24万平方米的游览区域。自开始对外开放以来，每年都接待观众百万以上呢。2016年是我的一次华丽蜕变，完成了陈列展览的升级改造。改造后的“鸦片战争”展览充分构建了鸦片战争的历史知识体系，吸纳了最新历史学术研究成果，以全新的面貌呈现给广大的观众。引入了多媒体、幻影成像、三维动漫、声光合成等最新的现代展示技术，与图版、塑形、沙盘、人造景观等传统展示手法结合，在静态环境中有机融入动态特效，强化视觉冲击力，增强艺术感染力，使观众犹如身临其境。最酷的是新展出的文物，大多是从国外征集回来的尚未在国内展示过文物，诸如清朝广州十三行油画、清军将领使用的火绳枪、清朝柳叶刀、清朝多个时期的铁炮、鸦片烟馆铜版画、通草水彩画、鸦片运单、反映鸦片贩卖情况的信函，以及英国陆军军官制服、英国望远镜和航海仪、英军士兵使用的双管手枪等。怎么样？不得不动心吧？我在虎门等你哦！

小贴士

开放时间：8:30～17:30（17:00停止发票、停止进馆，17:15清场，17:30闭馆，周二闭馆）

预约电话：0769—85500322

咨询电话：0769—85527783

馆址：虎门镇威远岛南面社区

交通指南：可分别乘坐虎门16路、东莞832路、东莞L1路公交车，在海战馆（终点站）下车。

四、威远炮台旧址

我叫威远炮台旧址，住在位于虎门威远岛南面社区，和海战博物馆挨着，人们来我这儿逛了，就必定会再去它那儿坐坐，或者到它那儿看了，就一定会来我这儿瞧瞧，总之，我跟它就像排排坐的小伙

伴。不过，我没有海战博物馆那些雄伟的陈列楼，我的地盘在户外！郁郁青山间，涛涛海岸边，坐落着威远、镇远、靖远、南山顶、蛇头湾、鹅夷等炮台遗址，这些炮台以前可都是有实弹大炮的，威风凛凛地构成立体的海防防御体系，被誉为“南方海上长城”。虽然现在有些炮位空了，但是，壮烈的历史和英雄的浩气，就像擦不去、改不掉的字迹一样，永远写在了岁月的篇章里。

小贴士

开放时间：08:30—17:30(17:00 停止发票、停止进馆，17:15 清场，17:30 闭馆)

预约电话：0769—85504052

咨询电话：0769—85527154

馆址：虎门威远岛南面社区

交通指南：乘坐虎门 2 路，在威远炮台（终点站）下。

美食指南：游览费体力，幸好威远岛上有绝顶美食！临海必然少不了海鲜大餐，原汁原味的海鲜等你尝！素食者也别担心，岛上还有素食馆，味道真的很赞哟！另外还有农家菜，绿色环保还地道！妈妈再也不用担心我吃不饱了！

【活动设计】

知识大比拼

1．请为下面的销烟步骤排序

2．动动脑

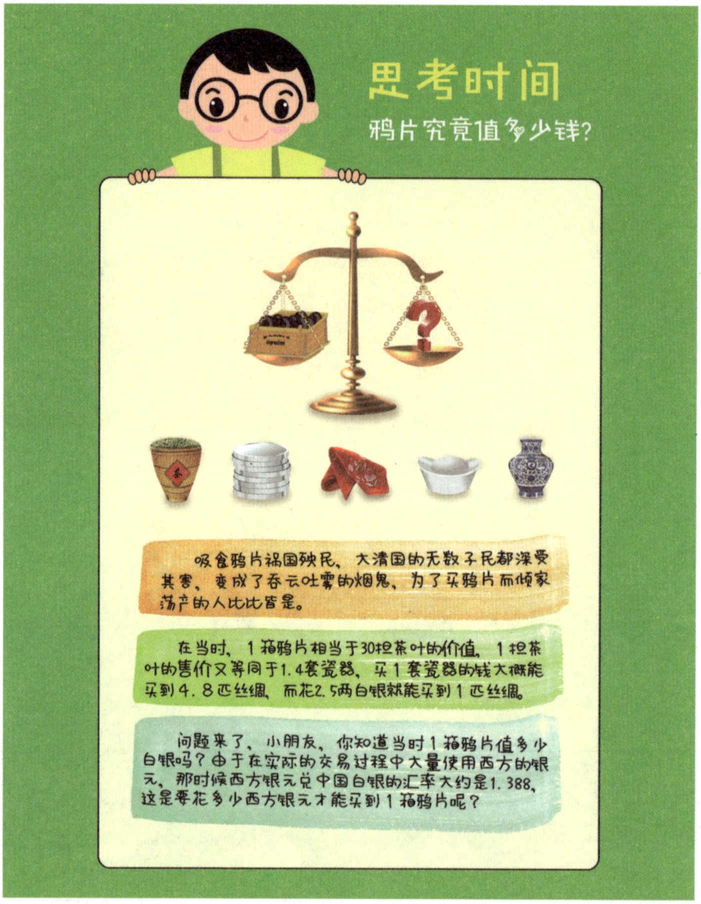

3．动手做实验

请准备一个容量为1000毫升以上的宽口容器、一个温度计、500毫

升自来水、9克生石灰、一个生鸡蛋、一根细绳。

步骤一：请用容器从自来水管中接500毫升水，并将温度计放入水中，看看水的温度是多少，并把它记在本子上。

步骤二：用细绳子的一端把生鸡蛋绑好，并将鸡蛋放入水中，注意固定绳子另一端，不要将绳子全部没入水中。

步骤三：往水中加入9克生石灰，观察这时候容器中会发生什么变化。

步骤四：再次将温度计放入水中，记录好此时的温度。

步骤五：水渐渐停止沸腾后，拉起绳子将鸡蛋取出，看看这个鸡蛋有什么变化。

步骤六：往水里吹气，观察容器底部的变化。

小朋友们，经过这个实验，你发现了什么呢？

对了，往冷水里加入生石灰，水温会升高，冒出大量的“烟”，而且会沸腾，甚至能煮鸡蛋呢。原来，生石灰的成分为氧化钙，能与水反应生成氢氧化钙，反应的化学方程式是$CaO+H_2O=Ca(OH)_2$。在反应期间，会产生大量的热，于是就有刚才看到的那一幕了。

最后往水里吹气，小朋友们又有什么发现呢？是不是在容器底部发现了白色的沉淀？这是因为我们呼出的气体带有大量的二氧化碳，氢氧化钙一遇到它，就变成了碳酸钙，就是大家在实验最后看到的白色沉淀了。

大家都弄懂了吗？

后记

虎门既是中国近代历史开篇之地，也是中国梦想起航之地。而鸦片战争博物馆管理的林则徐销烟池与虎门炮台旧址承载着中国历史的重大转折，历史内涵十分丰富，1982年被国务院公布为全国重点文物保护单位。如今，它已经成为观众观光学习的旅游胜地，成为全国爱国主义教育的示范基地，每年吸收超过450万人次的国内外观众参观。

我们从社会教育人员中选拔骨干力量，挖掘这一特殊历史文化资源内涵，精心挑选了部分馆藏文物、文献，力求从小读者视角出发，以小故事的形式串联，穿插“小贴士”“活动设计”等小版块，做到图文并茂，突出了知识性、思想性与可读性的有机统一。我们希望小读者在阅读过程中读起来不累，愿意读下去，并有所收获，有所感悟，有所启迪。

本书付梓之际，我们既按奈不住内心的喜悦，又克制不住心里的惶恐。喜的是，经过数月的辛勤付出，终成正果。恐的是，本书在内容、结构、史料等诸多方面还存在不尽如人意的地方，书中难免存在错漏之处，还请广大读者提出批评意见，我们不胜感激。

编者